WAGENBACHS TASCHENBÜCHEREI

Beerdigung eines ›Ehrenwerten‹ im Meer vor Neapel

Werner Raith

Die ehrenwerte Firma

*Der Weg der italienischen Mafia vom
›Paten‹ zur Industrie*

Verlag Klaus Wagenbach   Berlin

Demonstration gegen die Mafia von Kirchenleuten und kommunistischen Gewerkschaftsführern

Wagenbachs Taschenbücherei 99
Neuausgabe
8.-10. Tausend 1986

© 1983 Verlag Klaus Wagenbach   Ahornstraße 4   1000 Berlin 30
Umschlaggestaltung: Rainer Groothuis
Druck: Druckerei Wagner, Nördlingen
Bindung: Augsburger Industriebuchbinderei
Alle Rechte vorbehalten. Printed in Germany.
ISBN 3 8031 2099 3

Inhalt

Prolog

Die »Freunde der Freunde«

Palermo, Donnerstag, 7. Oktober 1982. Ein vierzigjähriger Mann hastet die Treppen zum »Tribunale«, dem Gerichtsgebäude, hinauf, verlangt nach einem Staatsanwalt, verschwindet in dessen Amtszimmer.

Er bleibt drei Stunden. Im ganzen Haus ist inzwischen hektische Aktivität ausgebrochen. Haftbefehle werden ausgefertigt, Einsatzstrategien entworfen, die Polizei ist in höchste Alarmbereitschaft versetzt.

Gegen halb eins verläßt der Mann das Gericht wieder. Der Staatsanwalt hat ihm geraten, auf sich aufzupassen. Ein besonderer Schutz wird nicht angeordnet.

Drei Tage später erkennt ein Carabinieri-Offizier den Mann wieder. Er liegt im Krankenhaus von Novi Ligure und ist tot. Erschossen.

Aufgefunden hatte ihn ein Kraftfahrer an einem Rastplatz der Autobahn Serravalle-Genua nahe Alessandria. Fast 1500 Straßenkilometer von Palermo entfernt.[1]

Der Mann hieß Armando Di Natale und war ein sogenannter »pentito«, ein »reuiger« oder »geständiger« Mafioso. Er hatte Einzelheiten über den spektakulären Mord vom 3. September 1982 am Polizeipräfekten von Palermo, Carlo Alberto Dalla Chiesa, sowie über ein Killerunternehmen vom 16. Juni 1982 berichtet, bei dem ein inhaftierter Banden-Chef namens Alfio Ferlito samt Polizei-Eskorte beim Transport in ein anderes Gefängnis erschossen worden war.

Als die Haftbefehle gegen die mutmaßlichen Haupttäter und möglichen Drahtzieher in allen Polizeistationen auslagen, war der Kronzeuge Armando Di Natale bereits tot. Das Mafia-Kommando hatte ihn bis nach Mailand verfolgt, dort wahrscheinlich gerade beim Besteigen des Auslands-Zuges gestellt, verschleppt, umgebracht und auf den Autobahn-Rastplatz geworfen.

Es waren »gli amici degli amici«, schrieb die römische Tageszeitung »La Repubblica« - ein Ausdruck, der allgemein für die in mafiose Geschäfte verwickelten Gruppen verwendet wird, und der sich mit »die Freunde der Freunde« nur unzureichend übersetzen läßt. Er bezeichnet ein dicht ineinander verwobenes Beziehungsgeflecht verschiedenartiger Personen in durchaus unterschiedlichen sozialen, bürokratischen, politischen Positionen. Eindeutig ist dabei nur, daß eben diese »Freunde« einander in jeder Lage beistehen.

Die Mauer des Zusammenhalts und der Verschwiegenheit in und um solche Kreise ist - vor allem, wenn es vor Gericht geht - so dicht, daß man von einem fast monolithischen Block sprechen könnte, von einer Art Verschwörung unter fein abgestimmter Planung und Leitung.

Dann aber wieder gibt es Schießereien und Sprengstoffanschläge, Entführungen und Folterungen auch und gerade innerhalb dieser Kreise, es gibt Belege für einzelne quasi zum »Abschuß« freigegebene Mitglieder solcher Zirkel, mitunter gar von gegenseitiger Denunziation.

Die »amici degli amici« erschießen Politiker und hohe Beamte,[2] befreien in Haft geratene Mitglieder eigener Gruppen[3] und führen Befehle aus, die eingesperrte Mafiosi nach draußen schmuggeln lassen; sie überfallen wehrlose Mitglieder anderer Banden im Zuchthaus oder auf dem Transport dorthin[4], vergiften ihre Gegner in der Haft;[5] sie verschaffen ihren eigenen Freunden vor Gericht falsche Alibis und bedrohen Belastungszeugen, sie bringen Ärzte alleine deshalb um, weil sie ihre Feinde nach einem Schußwechsel wieder zusammengeflickt haben.[6]

Die »Freunde« beeinflussen höchste Politiker[7] und unterstützen diese bei den Wahlen, sie lassen sich als Gegenleistung millionenschwere Staatsaufträge verschaffen oder erpressen diese auf andere Weise,[8] sie nehmen den Erdbebenopfern die nationale und internationale Wiederaufbauhilfe[9] weg und haben inzwischen den internationalen Rauschgifthandel fast völlig monopolisiert; sie sind derzeit aktiv im Waffengeschäft tätig - wo es illegales Geld zu verdienen gibt, treten sie auf den Plan. Dabei schießen sie sich mitunter nicht nur einzeln, sondern gruppenweise gegenseitig tot.[10] Mangel an Nachwuchs und Mangel an mitarbeitswilligen Menschen aller Schichten gibt es trotzdem bis heute nicht.

Unter den »amici« sind einfache Arbeiter und römische Minister, Ärzte und Rechtsanwälte, Zuhälter und Bauunternehmer, Wissenschaftler und Ingenieure und hie und da sogar Mönche und Priester.[11] Selbst phantasievollsten Schriftstellern ist es bisher nicht gelungen, das verworrene Beziehungsgefüge als ein irgendwie geordnetes konkretes System darzustellen - und trotzdem funktioniert alles wie von einer fast genialen Planung gesteuert.

Den »Freunden der Freunde« haftet der Ruch des Geheimnisvollen, Undurchdringlichen, gleichwohl Gefährlichen an - aber auch der unverbrüchlichen Treue, der »Ehrenhaftigkeit«, der Männlichkeit: der wesentliche Begriff für den Zusammenhalt ist die »omertà«, was sich von »uomo«, Mensch, vorwiegend aber »Mann« ableitet und nur in den letzten Jahren - unzulässigerweise - von den Medien auf die bloße Verschwiegenheitspflicht Dritter und vor allem Polizisten gegenüber reduziert wird. Die »omertà« fordert die Blutrache für selbsterlittenes oder den Verwandten und Freunden zugefügtes Leid (nicht nur Unrecht!), das Sich-tot-schießen-Lassen in noch so sinnlosen Banden- und Familienkriegen ebenso wie blinden Gehorsam Menschen gegenüber, die in der »Freundes«-Hierarchie das Sagen haben.

Mehr noch: die »Freunde der Freunde« verbreiten seit eh und je die Legende, sie seien es, die der Gesellschaft Gutes im eigentlichen Sinne zufügten, die Ordnung und archaische Rechte aufrechterhielten - weil angeblich die römische Zentralgewalt zu schwach sei und auch kein Verständnis für die originären Probleme des Südens habe. Daher rührt auch jener Name, mit dem sich diese »amici«, bis hinein in die schwerste organisierte Kriminalität, bezeichnen: »onorata società«. Meist wird dieser Ausdruck mit »ehrenwerte Gesellschaft« übersetzt, genau genommen bedeutet er jedoch »geehrte Gesellschaft«, was den Kern der Sache besser kennzeichnet. Da sich aber bei uns der Name »ehrenwert« eingebürgert hat, werden wir ihn im folgenden auch beibehalten.

Zahlreiche Eigenschaften der »amici« bzw. »onorata società« sind keineswegs einmaliges Kennzeichen der italienischen Mafia. Filz zwischen Kriminalität und Politik, zwischen organisiertem Untergrund und Polizei, zwischen einflußreichen Lobbyisten und Administration findet sich, wir brauchen gar nicht weit zu gehen, auch in der Bundesrepublik. Allein mit »Filz« oder »Verflechtung« ist also die Besonderheit der sizilianischen Mafia nicht zu beschreiben. Und selbst die Kennzeichnung als »ehrenwert« braucht noch nicht typisch mafios zu sein - kommt doch auch hierzulande ein Spitzenpolitiker oder ein hoher Manager kaum auf die Idee, selbst bei handfestem Bestechungs- oder Korruptionsverdacht seinen Hut zu nehmen, und auch hierzulande stehen ihm seine »Freunde« kräftig bei.

Es ist wesentlich mehr als nur das »übliche« Wechselspiel zwischen legaler und illegaler Macht, zwischen Establishment und Underground, was die mafiosen Unternehmungen und Verflechtungen ausmacht und was ihre Bekämpfung auch als so aussichtslos erscheinen läßt. Hinter dieser Art der organisierten Kriminalität steht eine geradezu unglaubliche Besonderheit in den historischen Entwicklungen wie auch in der Entschlossenheit nicht nur mafioser Kreise, dieses System nicht zu zerstören.

Es gilt jedoch umgekehrt ebenfalls: Auch wenn die Durchsetzungskraft und die fast unauflösliche Vermengung illegaler Geschäfte mit legaler Politik und Bürokratie nur aufgrund ganz bestimmter historischer Gegebenheiten im Süden Italiens möglich war, so ist dies alles heute doch längst nicht mehr »nur« ein sizilianisches Problem oder eine Sache des italienischen »mezzogiorno«, wie der Süden allgemein bezeichnet wird. Denn seit den siebziger Jahren hat sich die Aktivität mafioser Gruppen - auch in Zusammenarbeit mit anders gearteten kriminellen Vereinigungen wie der Camorra in Neapel oder der 'ndrangheta in Calabrien - zu nicht nur national-italienischer, sondern multinationaler Größe entwickelt. Eine Größe, die selbst die in den zwanziger und dreißiger Jahren schon einmal praktizierte grenzüberschreitende Zusammenarbeit mit den italienischen Untergrund-Organisierten in den USA (im Alkohol- und Zigarettenschmuggel) bei weitem übersteigt. Mafia und mafiose Organisation ist längst zu einem weltweiten Problem geworden.

Das aber wäre unmöglich gewesen, wenn nicht die sizilia-

10

A
MORTE I SBIRRI
SUCCHIATORI DEL
POPOLO SICILIANO
E PERCHE SONO I
PRINCIPALI RADICI
FASCISTI, VIVA IL
SEPARATISMO DELLA
LIBERTA   GIULIANO

Vom amerikanischen Geheimdienst gefertigtes Separatistenplakat,
das der Bandit Giuliano in Sizilien verteilte

nischen Mafia-Strukturen seit langer Zeit eben jene Formen
der Arbeit außerhalb der Legalität entwickelt hätten, die sie
instand setzten, ohne viel Mühe nun im internationalen Bereich Schlüsselpositionen zu besetzen. Und nur wenn wir uns

11

diese Struktur und ihre Entwicklung genauestens vor Augen führen, können wir verstehen, warum die Mafia sich nicht nur in den letzten Jahren, sondern möglicherweise auch künftig als so unglaublich durchsetzungskräftig erweist, und warum zur Zeit z. B. selbst die ehemals als viel mächtiger eingeschätzten amerikanischen »Cosa-Nostra«-Bosse längst vor der Macht der Sizilianer zu verblassen beginnen.

Aufgabe dieses Buches ist es darüber hinaus, nicht nur die historischen Grundlagen für den enormen internationalen Aufstieg mafioser Gruppen innerhalb der organisierten Kriminalität und die feste Verwurzelung in der italienischen Politik darzustellen. Zentrale Bedeutung kommt der aufregenden Entwicklung zu, die sich seit etwa fünf Jahren abzeichnet, in denen mafiose Geschäfte und mafiose Unternehmen erneut einen grundlegenden Transformationsprozeß durchzumachen begonnen haben - der offenbar zum ersten Mal nicht nur das reine Geschäftsgebaren und die »bearbeiteten« Märkte betrifft, sondern auch die um »Mafia« verbreitete Ideologie. Ein Prozeß, der möglicherweise das noch nie Dagewesene einleiten könnte - nämlich den Verlust einer bisher stets vorhandenen Basis in der Bevölkerung Süditaliens und Siziliens.

Vorsicht ist allerdings angesichts der wiederholt bewiesenen Fähigkeit zu auch ideologischer Regeneration geboten. Sogar bei Auswertung aller bekannten Fakten läßt sich daher heute noch nicht sagen, ob selbst der Verlust des »populistischen« Standbeins die kriminelle Macht mafioser Geschäfte gefährden würde.

Es gibt zum aktuellen Stand der Entwicklung derzeit auch in Italien keine umfassende fundierte Darstellung, die zugleich das historische Fundament, die geschichtlichen Transformationen und den augenblicklichen Veränderungsprozeß zur Deckung bringt. Zwar wurde nach dem Tod Dalla Chiesas eine Reihe journalistischer Schnellschüsse produziert und manch früher Gedrucktes wieder aufgelegt. Aber entweder endet die Interpretation spätestens bei den Entwicklungen der frühen siebziger Jahre, oder das historische Wissen ist mager, überhaupt nicht vorhanden oder beschränkt sich nur auf die Nachkriegszeit.[12]

Luciano Liggio (links) während einer Verhandlungspause

Für die vorliegende Arbeit mußte ich daher vor allem Quellen erschließen, die den augenblicklichen Stand kennzeichnen und geeignet sind, den Bezug zu den früheren Entwicklungen deutlich werden zu lassen. Das waren einerseits zahlreiche Gerichtsprotokolle (die mir z. T. Rechtsanwälte zur Einsicht überließen - normalerweise sind diese ja einer langen Verjährungsfrist unterworfen und nicht zugänglich), Gespräche mit Verteidigern ebenso wie mit einzelnen Fahndungsbeamten, vor allem aber Interviews mit Angehörigen oder Mitläufern der »Ehrenwerten« - überwiegend Leute aus dem zweiten oder dritten Glied, meist bereits ein oder mehrere Male straffällig gewordene Menschen, die durch ihre Geschichte einen tieferen Einblick in die Struktur der Geschäfte und die dabei herrschenden Gesetze vermitteln als die meisten abstrakten oder statistischen Erörterungen. Von besonderer Wichtigkeit waren mir auch die Interviews mit Opfern und Geschädigten - Erpreßte, Schutzgeld-Zahler, von lukrativen Aufträgen Ferngehaltene.

Als bedingt nur verwertbar erwiesen sich die Berichte der italienischen Presse - und zwar ausnahmslos. Die italieni-

13

schen Journalisten sind offenbar noch viel eher als ihre bundesdeutschen Kollegen geneigt, selbst erkennbar unsinnige Gerüchte für bare Münze zu nehmen und ohne Anführungszeichen oder Vorbehalt wie Fakten zu publizieren. Was allerdings oft genug daher rührt, daß auch Polizeistellen oder Staatsanwälte mit gezielten Halbwahrheiten eher Nebel als Klarsicht verbreiten. Ich habe darum im folgenden weitestgehend auf Zeitungsinformationen verzichtet (einschlägige Berichte allenfalls als Dokumente für bestimmte Wertungen in der Öffentlichkeit verwendet) bzw. sie nur einbezogen, wenn sie auch andernorts hinreichend belegt waren; nicht bewiesene Zeitungsinformationen wurden ausdrücklich als solche gekennzeichnet.

Dankbar bin ich allerdings dennoch einer Reihe von Journalisten in ganz Italien, die, im Gegensatz zur oft oberflächlichen Berichterstattung ihrer eigenen Zeitung, beim persönlichen Gespräch wesentlich fundiertere Thesen vortrugen und mir manche Bekanntschaft in der mehr als fünfjährigen Recherche-Arbeit vermittelten, ohne die das Buch kaum hätte zustandekommen können. In diesem Zusammenhang danke ich vor allem Mitarbeitern von »L'Ora«, »Paese sera«, »La Repubblica«, »Il manifesto«, »L'Espresso«, »L'Europeo« und »Panorama« sowie Radio RAI.

Karrieren

Es klingt absurd, aber zu den wichtigsten Voraussetzungen mafioser Macht gehört, daß eigentlich niemand ganz genau zu sagen weiß, was denn unter »Mafia« zu verstehen, wer als »Mafioso« zu bezeichnen sei, welche Aktivitäten unter diese Kategorie fallen.

Im November 1982 stand in Reggio Calabria - wieder einmal - einer der berühmtesten Mafia-capi der Nachkriegszeit vor Gericht, Luciano Liggio (eigentlich: Leggio, aber er nennt sich Liggio) aus Sizilien. Er war schon in den vierziger Jahren zum damaligen Oberhaupt der »Corleonesier« (den Leuten aus Corleone, einer kleinen Stadt südlich Palermos), Dr. Michele Navarra, gestoßen, wurde dessen Lieblingsschüler - und ermordete ihn 1958, weshalb er jetzt eine lebenslange Zuchthausstrafe abzusitzen hat. 1948 wurde ihm (v. a. vom damaligen Carabinieri-Nachwuchs-Offizier Alberto Dalla Chiesa) auch der Mord an einem Bauernführer namens Placido Rizzotto zur Last gelegt, aber die Beweise fehlten (ebenso wie der Körper Rizzottos). In den sechziger und anfangs der siebziger Jahre war Liggio auf dem Festland und organisierte zuletzt in Mailand den Rauschgifthandel. 1974 wurde er festgenommen und schließlich vom Richter Cesare Terranova verurteilt.

Terranova wurde 1979 ermordet, und die Justiz glaubte nun, Liggio habe - aus dem Zuchthaus - den Befehl dazu erteilt: Liggio stand also 1982 wieder vor Gericht. Da sich in der Verhandlung nicht viel Konkretes ergab (sogar die Witwe Terranovas stieg als Nebenklägerin Anfang 1983 aus), suchte der Richter wenigstens das Umfeld der Bluttat zu ergründen. »Sind Sie Mafioso?« fragte er Liggio. Dieser antwortete: »Ich weiß wirklich nicht, was das sein soll.« Der Richter, händeringend: »Aber Sie geben doch zu, daß es die Mafia gibt?« Liggio: »Wenn es eine Antimafia-Kommission gibt, wird es wohl auch eine Mafia geben.«[1]

Die Antimafia-Kommission ist ein Untersuchungsausschuß des Parlaments, der zehn Jahre lang - von 1962/63 bis 1972 - die mafiosen Aktivitäten in Sizilien zu untersuchen hatte und dabei Unmengen meist folgenlosen Papiers produzierte - der ermordete Richter Terranova gehörte zu den wenigen besonders aktiven Mitgliedern, die wirklich aufdecken wollten. Zu einer bündigen Definition kam auch die Kommission, was die Mafia anbetrifft, nicht. Am Ende gab es Mehrheits- und Minderheitsberichte.

Liggios Antwort klingt frech, wenn man unsere Verhaltensnormen vor Gericht zugrundelegt. Tatsächlich aber zielte er nur auf den wunden Punkt jeder - juristischen wie wissenschaftlichen - Mafia-Untersuchung: was ist ein Mafioso? Liggio konnte es sich während des Prozesses gar leisten, jedem 10 000,- DM anzubieten, der ihm nachweist, ein »Mafioso« zu sein. Am 2. Februar 1983 wurde Liggio aus Beweismangel freigesprochen.

Anders als etwa beim politischen Terror gibt es im mafiosen Bereich keine ideellen Ziele, die man zur Definition heranziehen kann (es sei denn das Ziel, Macht, Einfluß und schließlich Reichtum zu gewinnen oder zu bewahren - was aber nicht nur Mafiosi kennzeichnen würde); es gibt keine Mitgliedskarten und keine Rangabzeichen. Selbst die bei Festnahmen gerne zitierte Anschuldigung »Bildung einer kriminellen Vereinigung« steht meist auf unsicheren Beinen, denn in vielen Geschäftsbereichen - etwa bei den öffentlichen Bauaufträgen - wickelt der Mafioso durchaus legale Händel ab - nur eben mit Methoden, die außerhalb der Legalität liegen. Zudem haben Mafiosi eine perfekte Chiffrensprache entwickelt, die selbst findigsten Juristen kaum Chancen läßt. Ein Mordauftrag wird fast nie direkt gegeben: »Bring ihn um!« Stattdessen genügen Sätze wie »Der hat mich beleidigt« oder »Der ist ein gefährlicher Mensch« oder auch nur »Schade um ihn«, um die unteren Chargen zum Gewehr greifen zu lassen. Und selbst bei ganz konkreten Aufträgen wie etwa der Order von Rauschgift wickelt sich alles auf chiffrierter Basis ab - so etwa, wenn (wie von der Polizei abgehört) die Partner sich über einen Handel mit »reinrassigen, blütenweißen Araberpferden« unterhalten und telefonisch abgekürzte Gegenwertsummen nennen, die durchaus auch auf Pferde passen könnten[2] (Luciano Liggio, einer der Rauschgift-Protagonisten, war übrigens früher Pferdehändler).

Henner Hess, deutscher Sozialforscher, hat in seiner Dissertation 1970 daher erstmals versucht, von einem Mafia-Begriff wegzukommen, der das organisierte Verbrechen als rein kriminelle Erscheinung in ein System bringen will, sondern auf die psychosozialen Elemente des sizilianischen Mafioso hingewiesen, belegt wesentlich durch die mittlerweile freigegebenen Gerichtsakten gegen Mafiosi aus dem vorigen Jahrhundert. Danach ist »mafia« vor allem als Attribut, als Verhaltensweise bestimmter Menschen anzusehen. Eine Verhaltensweise, die geeignet ist, um den Betreffenden eine wachsende, aber fast unauflöslich zusammenhaltende Gruppe von Menschen zu sammeln, die einerseits seine Macht vergrößern, andererseits von ihm und den anderen Gruppen-Freunden geschützt werden.

> »Der Mafioso ist als Phänomen zwischen einem zur Anwendung physischer Gewalt legitimierten Machtträger und dem Verbrecher zu begreifen. Der feudale Baron, und empfinde man ihn als Tyrann, der korrupte Beamte, der Politiker, der seine Stellung mißbraucht, der organisierte Rauschgiftschmuggler - sie alle sind nicht mit dem Mafioso zu verwechseln. Es ist üblich geworden, vor allem die beiden letzteren als Mafiosi zu bezeichnen, doch verliert der Begriff auf diese Weise seine spezielle Bedeutung.«[3]

Die Einschätzung dieses Menschen seitens der anderen hängt dabei offenbar ebenso stark von seinem Verhalten ab wie von der unmittelbaren Umgebung, die alles mögliche in sein Verhalten und seine tatsächlichen oder angeblichen Erfolge hineingeheimnist. Hess zitiert den Ausspruch eines seiner Interview-Partner: »Mafioso ist nicht der, der sich als solcher fühlt, sondern der für einen solchen gehalten wird. Das Publikum macht den Mafioso.«[4]

Wir werden - im Kapitel über die *Neuen Qualitäten* - noch auf eine Reihe weiterer Definitions-Versuche stoßen; in den letzten Jahren hat sich jedoch die eben zitierte, von Hess entwickelte Kennzeichnung auch in Italien durchgesetzt.

Wer sich jedoch die allerneuesten Vorfälle ansieht, muß nun eine weitere Komplikation erkennen, die in den letzten

17

fünf bis zehn Jahren eine rasante Entwicklung genommen hat. Der von Hess aufgrund früherer Materialien so einleuchtend beschriebene Mafioso, der zwar illegale Geschäfte betreibt, aber eben durchaus noch Streit im Dorf oder der Nachbarschaft schlichtet, dörfliche Interessen gegenüber dem Staat vertritt (sofern sie mit seinen nicht kollidieren), Macht-Leerräume mindestens zum Teil sinnvoll ausfüllt: dieser »uomo di rispetto« existiert in der vordersten Linie des kriminellen Geschäfts in den großen Städten Siziliens und Unteritaliens heute nicht mehr. Noch in den 1976 veröffentlichten Berichten der Antimafia-Kommission rangieren unter den zehn bekanntesten capi durchweg Männer, auf die der Begriff von Hess uneingeschränkt paßt, selbst wenn die kriminelle Energie immer unverhüllter ist und das gesellschaftlich-populäre Moment schon deutlich zurücktritt. Männer wie Genco Russo, Angelo Bruno oder Vincenzo Rimi, allesamt erst in den letzten sieben Jahren gestorben, verkörperten noch den alten Typ des Mafioso.

Heute ist dieser Typus selten. Selbst die eingehendsten polizeilichen Untersuchungen vermögen kaum mehr »den« Mafioso zu nennen - an seine Stelle ist weitgehend die cosca, wie die ihn umgebende oder stützende Gruppe traditionell genannt wird, getreten: man spricht nicht mehr von diesem oder jenem Mafioso, sondern von »den Corleonesiern«, den »Cinisiern«, den Leuten vom »Corso dei mille« oder aus »Uditore« - kleine Städte im Westen Siziliens, aus denen zahlreiche Mafiosi insbesondere nach Palermo kamen, sowie Straßenbezirke bzw. Stadtviertel der Hauptstadt. Oder man spricht vom »Clan der Siracusaner« oder den »Cataniern«, wenn von »Mafia« aus anderen Großstädten die Rede ist.

Nur noch in zwei Fällen - den Greco und den Marchese in Palermo - wird mitunter die traditionelle Familienbezeichnung weitergeführt - wobei jedoch bis heute nirgendwo geklärt ist, wer von den Greco und den Marchese das Sagen hat; von manchen Familienmitgliedern ist nicht einmal bekannt, ob sie überhaupt noch leben und eingreifen.

Die mafiosen Geschäfte wurden zunehmend in korporative Form überführt - »die Phase der ursprünglichen Akkumulation ist vorbei«, wie es Giorgio Bocca ausdrückte;[5] der alte »Pate« (wenn es ihn in der von Mario Puzo literarisierten

Form jemals so gegeben haben sollte) ist längst ausgestorben, an seine Stelle ist die »Firma« getreten, die »Holding«, die mit Computern kalkuliert und Aufträge per Telefon oder Fernschreiber übermittelt. Mafia wurde zur Industrie.

Notwendig geworden war dies zweifellos durch die gigantische Ausweitung der Geschäfte, die wir noch im einzelnen beschreiben werden, bis hin zur Dominanz im Rauschgiftsektor und zum weltweiten Waffen-Schiebergeschäft. Der letzte Versuch, mafiose Gruppen unter einer Art Super-Mafia-Herrschaft auf persönlicher Basis zusammenzufassen, endete 1981 mit der völligen Ausschaltung der Familie Inzerillo - deren Chef Salvatore (Toto) noch von einem der alten Mafia-capi, Rosario Di Maggio, zum Nachfolger designiert worden war. Die Vorherrschaft des einzelnen Mafioso auf irgendeinem Gebiet war damit beendet, jedenfalls was das Bild in der Öffentlichkeit anbetrifft.

Das legt die Deutung nahe, die italienische Mafia entwickle sich zu dem, was andernorts - etwa in Chikago, Paris, Hamburg und Frankfurt - als organisierte Kriminalität schon lange bekannt ist, nämlich zu einer bloßen räuberischen, erpresserischen oder dealenden Gangstergruppe mit gemeinsamen finanziellen Interessen, ohne spezifische Identität. Nichts aber wäre falscher.

Ganz sicher sind die Methoden mafioser Geschäfte denen des bloßen Gangstertums näher gekommen, wir werden das nachweisen. Aber das, was die Durchschlagskraft und die weltweite Bedeutung mafioser Geschäfte heute ausmacht, ist eben die Tatsache, daß mafiose Personen sich nicht wie der normale Kriminelle lediglich durch illegale Aktionen bestimmen. Vielmehr hat eine jahrzehnte-, jahrhundertealte Tradition eine bestimmte Art der Geschäftsabwicklung, des gegenseitigen Vertrauens, des Durchdringens auch aller staatlichen Kontroll- und Leitungsorgane, der Sanktionen bei Täuschung und nicht zuletzt eine weit übers bloß Geschäftliche hinausgehende gegenseitige Verbundenheit und eine zumindest vermeintlich noch vorhandene Verwurzelung im Volk und dessen archaischen Rechtsvorstellungen geschaffen, die den Sizilianern (und auch vielen Unteritalienern) im »Geschäft« einen Vorsprung vor allen rivalisierenden nationalen und internationalen Gruppen (wie den Kubanern, den Türken, den Iren, den Israelis) gibt, der kaum aufholbar erscheint.

Es ist daher für ein Verständnis gerade der heutigen Situation unerläßlich, die Entwicklung bis »gestern« nachzuzeichnen. Und um die später dann allgemeine Erörterung von vornherein mit Konkretem zu erfüllen, sollen an den Anfang die Karrieren einiger Menschen aus der mafiosen Machtsphäre gestellt sein - Karrieren aus der Nachkriegszeit, die nur zu einem Teil individuellen Charakter besitzen, überwiegend aber als typisch für die Wandlung des Typs »Mafioso« angesehen werden können. Da im folgenden auch die Abgrenzung zu anderen Formen organisierter Kriminalität Italiens notwendig ist, werden einige Kurzberichte über wichtige Bosse anderer Regionen eingefügt.

Der Mafia-capo der alten Schule: Giuseppe Genco Russo

Genco Russo,[6] geboren 1896 bei Vallone in Sizilien, hält selbst für Mafia-Verhältnisse einige beachtliche Rekorde. Kaum einer stand so oft vor Gericht wie er, keiner in so spektakulären und aufwendigen und für ihn aussichtslos scheinenden Prozessen; und keiner wurde mit solchem Eifer freigesprochen und selbst von staatlichen Stellen rehabilitiert - noch als die Antimafia-Kommission gegen ihn ermittelte, bekam er, 1963, von der Polizeipräfektur von Caltanissetta die Bestätigung, zu den »ehrenwerten« Personen seines Wohnortes Mussomeli zu gehören.

Als Meisterleistung, unübertroffen bis heute, gilt sein Auftreten im Mammutverfahren 1930 gegen ihn und insgesamt 528 seiner Gefolgsleute. 2400 Jahre Zuchthaus wurden gegen alle zusammen verhängt.

Nur Genco Russo kam, als einziger, frei.

Das Verfahren lief mustergültig ab - selbst Menschen, die täglich mit Genco Russo zusammen waren, konnten sich plötzlich nur noch vage an ihn erinnern, und wenn, dann natürlich ausschließlich in positiver Hinsicht.

Immerhin ärgerte die mißlungene Aktion die - damals fa-

Giuseppe Genco Russo   Calogero Vizzini

schistischen und akzentuiert anti-mafiosen - Behörden so,
daß sie Genco Russos Paß einzogen, ihn als »äußerst gefähr-
liches Subjekt« einstuften und unter Polizeikontrolle stellten.

Daß er das Prädikat »äußerst gefährlich« verdient hatte,
bewies er dann gegen Kriegsende besonders eindrucksvoll.

Als Amerikaner 1942/43 nach Bedingungen einer möglichst ungefährlichen Invasion in Italien suchten, erinnerten
sich Geheimdienstler daran, daß in den US-Gefängnissen einige amerikanische Gangsterbosse italienischer Herkunft
(von der »Cosa Nostra«) einsaßen. Man fragte nach, und insbesondere der (wegen massenweiser Zuhälterei eingesperrte)
gebürtige Sizilianer Lucky Luciano war bereit zur Koopera-
tion. Er gab Zeichen an einen auf Tauchstation gegangenen
allgemein geachteten Mafia-capo namens Calogero Vizzino,
wobei ein gelbes Taschentuch mit gesticktem »L«, für Lucky
Luciano, aus Flugzeugen abgeworfen, eine Rolle spielte (die
Geschichte darf in keinem Mafia-Buch fehlen). Vizzini schal-
tete Genco Russo ein.

»Don« Calogero Vizzini wird in den meisten Veröffentlichungen über Sizilien als »der« Prototyp des Mafioso aus der
ersten Hälfte unseres Jahrhunderts dargestellt. Tatsächlich
aber war er eher eine Ausnahmeerscheinung. Denn er war,

21

bis zu seinem Tod 1954, unbestrittener »capo dei capi«, alleroberster capo, auf den alle anderen hörten - der aber streng darauf achtete, nur in Streitigkeiten oder überregionalen Angelegenheiten einzugreifen und ansonsten ein Verfechter weitgehender Autonomie war. Außerdem begnügte er sich mit mäßigem Reichtum. Don Calò war vor allem deshalb in seiner Stellung unangefochten, weil die Nummer Zwei niemals nach seiner »Ehre« trachtete und ihm den Rücken frei hielt - und diese Nummer Zwei eben war Genco Russo, der nach dem Krieg in Mussomeli, gut 30 km von Don Calòs Reich in Villalba entfernt, herrschte.

Don Calogero Vizzini also gab Lucky Lucianos Botschaft an Genco Russo weiter, und der wiederum schickte seine Männer aus - zufällig war er, wie es sich für den damaligen Mafioso gehörte, »gabellotto«, Pächter eines großen Gutes (namens Polizzello), und eben dort lag die Hauptmacht der italienischen Vaterlandsverteidiger.

Genco Russos Männer hielten mit diesen und jenen Soldaten ein Schwätzchen und brachten den Offizieren geheimnisvolle Pakete.

Als anderntags der Kommandeur seine Truppen inspizierte, fehlten mehr als zwei Drittel seiner Soldaten. Wie sich herausstellte, hatte Genco Russo an alles gedacht und in den Paketen Zivilkleider an die Absetzwilligen verteilt.

Die Amerikaner stießen - im Gegensatz zu den Briten im Ostteil der Insel - auf keinen nennenswerten Widerstand. Ihre Dankbarkeit war entsprechend. Auf Geheiß der Geheimdienste wurden aus den Akten der braven sizilianischen Mitstreiter alle schwarzen Flecken getilgt. Was im Falle Genco Russos eine erhebliche Arbeit gewesen sein muß.

Seine Karriere begann 1912, mit 18 Jahren. Da war er wegen Bandenkriminalität angeklagt und wurde, wie es sich gehört, wegen Mangels an Beweisen freigesprochen. 1918 stand er gemeinsam mit Calogero Vizzini vor Gericht - wiederum wegen Bandenbildung, aber auch wegen Raub und Bestechung: das Ergebnis war Freispruch. 1922 Diebstahl, ebenso 1925, keine Verurteilung. 1927 wieder kriminelle Vereinigung, 1928 vierfacher Mord (an gegnerischen Mafiosi), 1929 noch ein Mord, 1930 dann die erwähnte riesige Erpresser-Organisation.

Aber die hilfreichen Mafiosi wurden nicht nur rehabilitiert. Da sie sich in den Augen der Amerikaner als waschechte Antifaschisten profiliert hatten, durften sie auch nahezu überall Leute ihres Vertrauens in die wichtigen Posten hieven - weit mehr als die Hälfte aller Bürgermeister Westsiziliens waren seit 1944/45 Vizzini- oder Russo-Leute.

In Mussomeli entfaltete Genco Russo seine besonderen Aktivitäten. Neben seiner Tätigkeit als Pächter großer Ländereien (die er an arme Bauern zu horrenden Zinsen weitergab) nahm er sich besonders der ins Land fließenden Entwicklungsgelder an: selbständige Bauernkooperativen, denen diese Fonds zugestanden hätten, brachte er zu »freiwilliger« Selbstauflösung und gründete statt dessen selbst entsprechende Vereine - als Vizepräsident des »Consorzio di bonifica del Turramano« vertrat er z. B. gelegentlich mehr als 57 000 Bauern. 1959 gründete er mit einem Gefolgsmann Calogero Vizzinis die »Banca popolare di Mussomeli«, auf die die sizilianische Regionalbank bald 50 Millionen Lire zur freien Disposition überwies. Damit es auch an äußeren Ehren nicht fehlte, wurde Genco Russo zum »Ritter der italienischen Krone« nominiert (1946), man wählte ihn ins Provinzkomitee der Democrazia cristiana von Caltanissetta (der Provinzhauptstadt), er wurde Superior der »Brüderschaft vom Heiligen Sakrament« und durfte bei Prozessionen unter dem Baldachin mitmarschieren.

In all dieser Zeit konnte faktisch kein Politiker in irgendein Amt im Einzugsbereich Genco Russos gewählt werden, der nicht die Zustimmung des »capo« hatte (der sich selbst offiziell mit kleinen Posten zufrieden gab, etwa als Kleinstadtbürgermeister. Als der römische Innenminister Mario Scelba (selbst mitunter in Mafia-Verdacht) bei seinen Partei-Kollegen in Sizilien Vorbehalt gegen Genco Russos Machtmanagement anmeldete, antworteten ihm die Christdemokraten aus Caltanissetta: Genco Russo sei ein Bürger wie jeder andere, es stehe ihm frei zu kandidieren. Außerdem habe er sein gesamtes Leben unter Bauern verbracht und kenne deren Probleme wie kein zweiter.

Selbst Parteigegner beteiligten sich an der Reinwaschung: Giovanni Vullo, Sozialist und Sekretär der Arbeiterkammer, fuhr die Journalisten an: »Was ist denn diese Mafia? Die ist doch nur eure Erfindung. Alle Probleme, die wir mit solchen Leuten hatten, sind ohne irgendwelche Vermittlung gelöst worden.«

Aber zu dieser Zeit hatte sich Genco Russos Stern schon etwas zu neigen begonnen. 1962/63 kam es in Palermo zu einer Reihe von blutigen Gewalttaten, worauf in Rom die Antimafia-Kommission eingesetzt wurde. Obwohl in Palermo unbeteiligt, geriet Russo aus anderen Gründen ins Visier der Abgeordneten. Zwar versuchten Gendarmerie und Politik ihn auch dann noch reinzuwaschen (». . . lebt ehrenhaft, gibt sich nicht mit Vorbestraften oder irgendwelchen mafiosen Elementen ab« - so die Quästur von Caltanissetta noch am 30. August 1963) - doch am 4. Februar 1964 wurde Russo festgenommen. Eine Verurteilung kam jedoch nicht zustande. Russo wurde lediglich für fünf Jahre in die Nähe des oberitalienischen Como verbannt. 1965 wurde er noch einmal verhaftet, weil er in Oberitalien auf den Handel mit Rauschgift umgestiegen war - aber nun half ihm sein angegriffener Gesundheitszustand aus der Klemme (er litt tatsächlich unter einem starken Augen- und Ohrenleiden). Rechtskräftig eingesperrt wurde er niemals - 1976 starb er friedlich, zwar nicht mehr mächtig, aber frei und wieder zurück in Sizilien.

Der Unternehmer-Politiker: Vito Calogero Ciancimino

Ciancimino[7] ist 30 Jahre jünger als Genco Russo, und er stellt schon einen völlig anderen Typ dar als der rustikale, fast lese- und schreibunkundige, aber weithin populäre Alt-Mafioso. 1924 wurde Ciancimino in Corleone geboren - seit Jahrzehnten eine Hochburg mafioser Personen, vor allem aufgrund der hier gelegenen ehemaligen Großgrundbesitze, die jetzt in »gabellotto«-Pacht lagen und durch die reichen Agrumen-(Südfrüche-)Felder großen Gewinn versprachen.

Nach dem 2. Weltkrieg stand Corleone ganz im Zeichen des schon erwähnten Dr. Michele Navarra. Navarra hatte in Zusammenarbeit mit interessierten Politikern in den vierziger Jahren aufmüpfige Bauern besänftigen geholfen (z. B.

Vito Calogero Ciancimino   *Salvo Lima*

durch Kampf gegen den Bauernführer Placido Rizzotto, der dann ermordet wurde) und die Separatistenbewegung unterstützt, um für Sizilien Sonderrechte zu erreichen; als das Autonomiestatut der Insel stand, wechselte er zur Democrazia cristiana (DC, auch abgekürzt: Democristiana) über und war seither bis nach Palermo einflußreiches Mitglied.

Was Luciano Liggio - Navarras späterer Mörder - an Gewalttätigkeit für die Mafia von Corleone leistete, sollte Ciancimino auf der administrativen und unternehmerischen Seite bringen. Er studierte nach dem Abitur einige Zeit Jura, dann Ingenieurwesen, ohne beides abzuschließen, widmete sich aber schon in dieser Zeit der Politik und insbesondere den Aufträgen Navarras, der ihn in alle möglichen Gremien als »seinen« Mann entsandte. Ende der vierziger Jahre wechselte er nach Palermo, und 1950, mit 26 Jahren, gelang ihm der Sprung nach Rom - er wurde Sekretär eines bekannten Mafioso, des Abgeordneten und Staatssekretärs im Transportministerium, Bernardo Mattarella.

1951 kehrte Ciancimino nach Palermo zurück und übernahm, ausgestattet mit allerhöchster Protektion aus Rom, die Kontrolle des gesamten Eisenbahngüterverkehrs der Insel. 1954 avancierte er zum örtlichen Parteisekretär der Democristiana in Palermo und schleuste nunmehr seine Leute in alle wichtigen Posten - sein früherer Mentor Navarra bekam einen Sitz in der Parteileitung, und seine Schwester rückte 1958 zur Parteisekretärin im Bezirk »Oreto« auf.

Aus dieser Zeit stammt auch die wohl wichtigste Verbindung Cianciminos: die mit Salvo Lima.

Lima war in vielen Posten jeweils Vorgänger Cianciminos. So war er im Stadtrat zuständig für Bautätigkeiten, danach wurde er Bürgermeister von Palermo - diese Ämter übernahm dann später Ciancimino. Lima ging schließlich nach Rom und Ciancimino galt bald als sein sizilianischer Statthalter (er verbündete sich dann allerdings mit dem Lima-Rivalen Giovanni Gioia, aber nach dem Tod von Gioia hat sich sein Verhältnis zu Lima wieder gebessert). Lima ist heute Abgeordneter der DC im Europa-Parlament.

1956 wurde also Ciancimino Stadtrat von Palermo; seine erste Aufgabe war die Kontrolle der stadteigenen Betriebe. 1958, als Lima Bürgermeister wurde, übernahm er das Ressort »öffentliche Arbeiten« der damals schon 600 000 (heute 680 000) Einwohner zählenden Stadt. 1964 wurde er Vorsitzender der christdemokratischen Stadtratsfraktion. 1969 wechselte er für kurze Zeit in die Regionalverwaltung über, 1970 setzte ihn Gioia - gegen Lima - schließlich zum Bürgermeister von Palermo durch.

Seine Amtszeit dauerte allerdings nur kurz - die Stadtratskoalition platzte schon nach wenigen Wochen; was jedoch nicht daran lag, daß jemand Cianciminos Mafia-Verflechtungen kritisiert hatte.

Während all seiner Tätigkeiten für das Gemeinwohl gründete Ciancimino zahlreiche Firmen, die mit seinen öffentlichen Aufgaben in merkwürdigem Zusammenhang standen. Meist ging ihm dabei auch noch eine als mafios bekannte Familie namens La Barbera zur Hand – schließlich konnten nicht alle Geschäfte seinen eigenen Namen tragen. So betrieb er, teils alleine, teils mit Gesellschaftern, eine Reihe von Transportunternehmen, besonders solche, die den Güterverkehr von der Schiene über die Straße zu anderen Verladeplätzen organisierten, dazu diverse Hoch- und Tiefbaugesellschaften.

Auftraggeber waren vorwiegend die Dienststellen, die

Michele Navarra *Bernardo Mattarella*

Ciancimino selbst unter sich hatte oder die von seinen Ver-
trauten besetzt waren. Bei den vorgeschriebenen öffentlichen
Vergaben der Projekte - oft in Millionenhöhe - meldeten sich
niemals Konkurrenten, sodaß die Lizenzen meist aus Mangel
an Bewerbern an Cianciminos Firmen fielen.

1970, kurz nach seiner Wahl zum Bürgermeister, bekam er
Schwierigkeiten. Denn zwei Jahre zuvor war ein neuer Mann
in die Polizei-Präfektur eingerückt, der damalige Oberst
Dalla Chiesa - der schon einmal, 1948, der Mafia aus Corleone auf der Spur war (und der 1982 in Palermo ermordet
werden sollte). Dalla Chiesa recherchierte nun besonders
gründlich im Auftrag der Antimafia-Kommission und
brachte durch seine Reporte an den Innenminister zahlreiche
Untersuchungen in Gang, darunter auch gegen den Sozius
Cianciminos, Giovanni La Barbera, der bald verhaftet, ver-
bannt und unter Polizeiaufsicht gestellt wurde. Auch Ciancimino geriet in zahlreiche Verfahren. Den Christdemokraten
schien es daher geraten, ihren Spitzenmann etwas zurückzu-
nehmen; er kandidierte nicht wieder für das Amt des Stadt-
oberhauptes.

Seine Macht ist dennoch kaum gebrochen. Er sitzt noch
immer in der Parteileitung und konnte bei der Wahl des der-

zeitigen Parteisekretärs De Mita dem »Königmacher« der DC in Rom, Andreotti, mehr als 25 % der notwendigen Wahlmänner-Stimmen sichern.

Beim Antimafia-Kongreß, den die Christdemokraten im November 1982 nach massiver Kritik aus allen politischen Lagern endlich abhielten, um »ihrer eigenen Kriminalisierung zu entgehen« (so der DC-Präsident Flaminio Piccoli), ließ sich Ciancimino allerdings nicht sehen.

Der Camorra-Boß: Raffaele Cutolo

Die Italiener trauten ihren Augen nicht, als sie im März 1982 in ihre Zeitungen schauten. Da wurde enthüllt, daß der auf wundersame Weise aus den Händen der Roten Brigaden freigekommene neapolitanische Regional-Minister Ciro Cirillo ausgerechnet durch die Vermittlung eines der meistbelasteten Schwerkriminellen des Landes, des Camorra-Bosses Raffaele Cutolo,[8] zurückgekehrt war. Gerüchte über einen großen Deal zwischen DC und Unterwelt hatte es schon bald nach der Freilassung des Christdemokraten am 24. Juli 1981 gegeben, aber nun zeigte sich, daß in die Aktion außer DC-Freunden Cirillos auch noch die Leitung eines Hochsicherheits-Gefängnisses (Ascoli Piceno), der italienische Geheimdienst - und eben Cutolo verwickelt waren, eine Aktion, die insbesondere die strengen italienischen Anti-Terror-Gesetze umgehen sollte, welche jegliche Lösegeldzahlung verbieten.[9]

Cutolo saß zu dieser Zeit im Gefängnis, und der Zuchthaus-Chef mußte sogar seine Wärter zurückziehen, weil einige steckbrieflich gesuchte Camorra-Leute als Kuriere Cutolos diesen in der Zelle besuchen mußten. Der Gefängnis-Direktor wurde, eineinhalb Jahre nach der Aktion, versetzt; Ministerpräsident Spadolini, offenbar von der ganzen Sache überfordert, rechtfertigte die Tätigkeit seiner Geheimdienste trotz ihrer Illegalität am 2. April 1982 vor dem Parlament. Die Italiener hatten wieder einmal ein grandioses Beispiel von Filz und bedenkenloser Gesetzesbrecherei durch höchste Stellen.

Pupetta Maresca   *Raffaele Cutolo (rechts) mit seinem Sohn*

Raffaele Cutolo wurde 1942 geboren und gehört dem organisierten Verbrechen Neapels schon seit seiner Jugendzeit an. Zielstrebig belebte er in den siebziger Jahren eine Institution, die eigentlich schon lange als abgestorben galt - die Camorra. Sie hat ihre Wurzeln schon im vorigen Jahrhundert, war zeitweise - wir werden noch darauf kommen - eine mächtige Organisation, aber nach dem Faschismus und dem 2. Weltkrieg operierten in Neapel die zahlreichen Gangster weitgehend unabhängig voneinander und autonom. In den fünfziger Jahren versuchte Lucky Luciano von der Umgebung aus das Rauschgift- und Prostitutionsgeschäft zu beleben, aber nach seinem Tod im Jahr 1962 verlor die Organisation ihren Einfluß. Cutolo sammelte immer mehr Stadt-Gangs um sich und suchte möglichst alle Bereiche zu beherrschen, die Geld versprachen - vom Erpressen der »Marktstanderlaubnis« bis hin zu fiktiven Schutzleistungen gegen Zahlungen (z. B. dem »Schutz gegen unvorhergesehenes Zusammenbrechen von Neubauten«, »Schutz für sicheren Weg von der Arbeit nach Hause«) und Entführung. Manch einer zahlt auch dafür, daß er seinen Arbeitsplatz behalten darf - derzeitige Taxe zwischen 300 000 und 600 000 Lire, also etwa 600 — 1000 DM.

Cutolo taufte seine Dachorganisation »Nuova Camorra organizzata«.

Ehe sich die Polizei ein genaueres Bild vom Ausmaß der Erfolge Cutolos machen konnte, hatte dieser seine Bezirke so im Griff, daß ihn auch seine Verhaftung nicht mehr aus der Bahn brachte (verurteilt wurde er bisher erst einmal - im Februar 1983 zu dreieinhalb Jahren wegen unerlaubten Waffenbesitzes; weitere Prozesse stehen noch an). Im Gefängnis von Asinara (bei Sardinien) konnte er während der U-Haft Zellen mit Teppichböden bewohnen, hatte gut 30 Bedienstete und Leibwächter um sich und konnte sich vor allem seinem Hobby, dem Gedichtemachen, widmen, wenn er nicht gerade, in Seide gekleidet, mit Champagnergläsern in der Hand durch die Korridore wandelte. Anordnungen nach draußen besorgten Gefängniswärter - erst am 13. Oktober 1982 griffen die Behörden ein und verhafteten einen der Kuriere.

Von der Polizei und den Strafverfolgern droht ihm also kaum Gefahr - wie sich mittlerweile herausstellt, wurden ihm zum Dank für die Cirillo-Aktion (und möglicherweise auch für eine Beteiligung an der Befreiung des Nato-Generals Dozier Anfang 1982) Sondervergünstigungen versprochen und seinen Leuten sogar Bauaufträge im Erdbebengebiet von Avellino zugeschanzt.

Gefahr droht auch nicht von den Gerichten - die sich derzeit einer ganzen Flut Cutolo-freundlicher psychiatrischer Gutachten gegenübersehen -, wohl aber von einer Gegenorganisation, die Cutolos Leute seit einiger Zeit reihenweise umbringt und seine Stellung allerorten zu untergraben sucht - der »Nuova famiglia«.

Ganz oben in der Leitung dieser »Neuen Familie« sitzt Cutolos erbittertster Feind - eine Frau.

Die Witwe: Pupetta Maresca

Pupetta Maresca[10] heißt eigentlich Assunta Maresca; aber weil sie als Kind ein so püppchenhaftes Aussehen hatte, nannte ihr Vater sie Pupetta. Sie wurde 1937 geboren.

Ihre Geschichte wurde lange Zeit fast wie ein Mythos behandelt. Mit 17 heiratete sie einen Gangster aus dem Kreis der neapolitanischen Gemüsemarkt-Erpresser, Pascalone 'e Nola, der drei Monate später auf offener Straße umgebracht wurde.

Pupetta Maresca war schwanger. Sie kleidete sich im Schwarz der Witwen, machte sich auf den Weg und erschoß einen gewissen Totonno 'e Pomigliano, den sie für den Auftraggeber des Mordes hielt.

Die »Nation stand hinter ihr«, schrieb »Stampa sera«; sie wurde mit einer »griechischen Heldin aus der Zeit des Perikles« verglichen, galt als »vedova vendicatrice«, als rächende Witwe. Tausende von Sympathisanten versammelten sich vor den Gefängnismauern und sangen beifällige Lieder; die Polizei mußte mehr als einmal Wasserwerfer einsetzen.

Sie bekam acht Jahre Gefängnis, und als sie 1965 wieder herauskam, machte sie sich unverzüglich daran, die Sache neu zu organisieren, die durch den Tod ihres Mannes unterbrochen worden war. Aber sie mußte erst dazulernen, denn inzwischen war allerhand passiert. Das betuliche Markt-Gangstertum war riesigen neuen Geschäftsbereichen gewichen, Lucky Lucianos Tätigkeit hatte sich ausgesprochen förderlich auf die neapolitanischen Affären ausgewirkt. Die Gangs arbeiteten professioneller - es ging jetzt ums große Geld, die alte Blutrache trat in den Hintergrund, auch wenn Familien-Bande noch immer eine Rolle spielen und manches Aug' um Auge ausgeschossen wird.

Pupetta Maresca sah sich nach einem geeigneten Partner um und fand nach einigen Jahren Umberto Ammaturo, der sich in den Kopf gesetzt hatte, gegen den aufsteigenden Raffaele Cutolo eine Gegenorganisation aufzubauen. Mit seiner Hilfe begann sie die »Nuova famiglia« zu etablieren.

Sie lebt, wenn sie nicht, wie zur Zeit, beide eingesperrt sind, mit Umberto Ammaturo zusammen und hat seit 1969 Zwillinge von ihm. Heiraten will sie ihn ausdrücklich nicht, - »um den Respekt vor meinem getöteten Mann nicht zu verletzen«, wie sie in einem Fernsehinterview erklärte, in dem sie den Kampf gegen Cutolo bis zur letzten Patrone ankündigte.

1974 verschwand auf mysteriöse Weise ihr erster Sohn, mit dem sie beim Mord an ihrem Mann schwanger gewesen war und der wie der Vater Pascalone hieß. Camorra-Parolen berichteten, daß der Neunzehnjährige sich in Clan-Affären eingemischt hatte und daß vielleicht sogar Ammaturo der Auftraggeber für den Mord war.

Wenig später wurde ein Neffe des Pascalone, 'e Nola, umgebracht, und damit war dessen Linie ausgestorben. Aller Tradition nach hätte Pupetta danach aufgeben und sich aufs Witwenteil zurückziehen müssen (immerhin war sie gutsituiert und betrieb zahlreiche - auch legale - Geschäfte). Aber sie gab nicht klein bei, jetzt trat sie in die vorderste Linie des Kampfes gegen Cutolo, auf den sie all ihren Haß konzentrierte. Ihre Gangs beherrschen heute vor allem den Stammsitz Castellamare di Stabia sowie, zusammen mit anderen »Nuova-famiglia«-Liierten, das Stadtgebiet Neapels, während die Cutolaner vor allem im Umland Neapels und in einigen Vororten dominieren.

Ähnlich wie Cutolo kann Pupetta Maresca offenbar ihre Organisation auch aus dem Gefängnis heraus weiterleiten; drinnen organisiert sie erfolgreiche Streiks der Einsitzenden gegen die Haftbedingungen.

Die Anschuldigungen gegen sie lauten derzeit, neben allerlei Schutzgeld- und anderen Erpressungen, vor allem auf Mord in mindestens zwei Fällen: des Unterführers von Cutolo namens Ciro Galli sowie des bekannten Kriminologen Aldo Semerari, der sich politisch als Rechtsradikaler profiliert und mehrere strafmindernde Gutachten für Pupettas Erzfeind Raffaele Cutolo angefertigt hatte.

Die neapolitanischen Behörden rechnen derzeit damit, daß ca. 50 000 Menschen in der Stadt und im näheren Umland in camorristischen Beziehungen zu den zwei großen Clans leben und daß 7000 von ihnen unter Waffen stehen - jederzeit bereit, auf das Zeichen der Bosse Gegner umzubringen.

Einer von ihnen ist der Mann, der im Auftrag Pupetta Marescas und Umberto Ammaturos den Kriminologen Aldo Semerari umgebracht haben soll: Giovanni Sasso.

Ein Killer: Giovanni Sasso

Am 10. September 1982 stellte ein neapolitanisches Polizeikommando nahe der mittelitalienischen Stadt Assisi einen Golf Diesel, den die Fahnder seit drei Tagen verfolgt hatten. Nach einer wilden Flucht und mehreren Schußwechseln endete die Fahrt schließlich auf einer Piazza am Rand von Perugia. Ein Mädchen wurde aus dem Auto geschleudert und schwer verletzt, mehrere Männer versuchten zu Fuß weiterzukommen: der, den die Polizisten unbedingt haben wollten, wurde aufgespürt und jammerte: »Nicht schießen, bitte - ich bin Giovanni Sasso!«[11]

Das wußten die Polizisten allerdings schon vorher. Denn sein Bild hing längst in allen Dienststuben an besonderer Stelle. Giovanni mit dem Beinamen »'o Pazzo«, der Einfältige, steht im Verdacht, einer der meistbeschäftigten Killer in der Gegend von Neapel zu sein, mindestens ein Dutzend Morde sollen auf sein Konto gehen.

Giovanni Sassos erste bekanntgewordene Bluttat war der Mord des gerade Zwanzigjährigen 1975 an seinem Vater, einem kleinen Hühnerhändler, den er erschoß, weil dieser ihm kein Geld mehr geben wollte. Giovanni suchte danach das Haus in aller Ruhe nach Wertgegenständen ab und zündete es schließlich an.

Anfang 1978 trat er dann wieder in Erscheinung - bei einem Raubüberfall im neapel-nahen Portici erschoß er einen Wachposten. Da die Polizei mittlerweile herausgefunden hatte, daß Sasso dieses Gebiet zu monopolisieren trachtete, nahm sie ihn nach dem Mord fest. Zweifel an seinem Geisteszustand gab es schon damals, und so wurde er in die Gerichtspsychiatrie nach Aversa bei Caserta überführt, von wo er einige Tage später floh. Kurz danach wurde er jedoch gestellt und bei einem Schußwechsel verletzt. Er kam nach Poggioreale, in das überfüllte Gefängnis Neapels, wo die Leitung froh ist um jeden, den sie nicht behalten muß: als Giovanni sich krank fühlte, wurde er deshalb wieder in ein Krankenhaus überführt, aus dem er ebenfalls entkam.

Danach begann in Neapel und Umgebung eine gewaltige Welle von Morden und Mordversuchen, die sich vor allem gegen Cutolaner richteten. Giovanni Sasso bekam von den anderen Camorristen seinen Beinamen »'o Pazzo«, der nur denen verliehen wird, die ohne Bedenken schießen und zu grausamer Brutalität neigen.

Die Polizei ermittelte, daß Giovanni sich zu einer der Führungsfiguren des »Nuova-famiglia«-nahen Clans von San Giovanni a Teduccio bei Herculaneum entwickelt hatte, mitunter aber auch für andere Auftraggeber arbeitete, so z. B. für Luigi Vollaro mit dem Beinamen »'o Califfo«. (Als man diesen im März 1982 in einer bunkerartigen Villa verhaftete, hatte er sich mit mehreren Dutzend Frauen und einer stattlichen Anzahl von Nachkommen eingeschlossen; im Januar 1983 wurde er zu lebenslangem Zuchthaus wegen Mordes an einem Camorra-Mann namens Giuseppe Mutillo verurteilt, zahlreiche andere Mordanklagen stehen ihm noch ins Haus).

Bei einigen Morden hat Giovanni offenbar eine spezifische Handschrift hinterlassen - die Opfer waren verstümmelt; der Körper des ermordeten Kriminologie-Professors Semerari war im Kofferraum, der Kopf in einer Schüssel neben dem Fahrersitz deponiert, bei dem Cutolaner Giorgio Frattini waren die Hände abgeschnitten und der Körper aufgeschlitzt, Herz und Leber herausgerissen.

Nach seiner Festnahme bedrückte ihn vor allem die Frage: komme ich nach Poggioreale? Denn im überfüllten Gefängnis Neapels - derzeit sitzen 1800 Menschen dort ein - sind gut 300 Leute aus den Clans Raffaele Cutolos eingesperrt, denen Giovanni Sasso auf keinen Fall begegnen möchte.

Giovanni Sasso ist zweifellos auch innerhalb des brutalen Untergrundes in Italien eine Art Ausnahmeerscheinung. Der »Normaltyp« des Killers ist von wesentlich kleinerem ›Kaliber‹. Kein Wunder: »Vom Umbringen«, sagte mir einer der Mitläufer aus einer cosca in Siracusa, »kann heute keiner mehr leben«. Die hohe Zahl der Arbeitslosen hat auch hier die »Honorare« rapide sinken lassen - »350 000 bis 400 000 Lire sind schon annehmbare Preise«: 700 bis 800 Mark. Dabei müssen die Utensilien wie Autos oder Motorräder und Pistolen meist noch selbst gestellt werden.[12]

Konkurrenz kommt nicht nur aus dem Heer der Arbeitslosen und kleinen Gangster - insbesondere in Sizilien, aber auch in Neapel bevorzugen viele cosche für Morde lieber Verwandte, denen sie vertrauen können, als gemietete Killer, die arm sind und am Ende gegen Geld auch noch - trotz massiver Morddrohung - der Polizei alles verraten. Allerdings wurde ausgerechnet ein aus dem eigenen Familiennachwuchs herangezogener Killer schon vor zehn Jahren zum ersten sizilianischen »pentito«, zum geständigen Mafioso (obwohl es damals noch keinen Strafnachlaß für Aussagen gab).

Leonardo Vitale ist ein »Killer« wie Giovanni Sasso, aber er ist in dieser Hinsicht wesentlich durchschnittlicher, fällt weder durch besondere Grausamkeit noch durch übermäßige »Erfolgs«-Bilanzen auf.

Berühmt wurde er auf ganz andere Weise - er war der Mann, der den Fahndern erstmals fundierte Einblicke in die innersten Strukturen und Auseinandersetzungen mafioser Gruppen gab.[13]

Leonardo Vitale stammt aus ärmlichen Verhältnissen; die Polizei konnte in seiner Biographie nicht einmal die genaue Zahl seiner Geschwister ermitteln. Geboren wurde er in Falsomiele bei Palermo.

Sein Vater - dem keine illegalen Tätigkeiten nachgesagt werden - starb früh, Leonardo kam unter den Einfluß seines Onkels Giovanni Battista Vitale.

Dieser Onkel war ein inselbekannter Mafioso, führte den Beinamen »Titta« und kam aus Altarello, damals Hochburg berühmter Clans wie die der Inzerillo und der Bontade.

Für den Onkel war von vornherein ausgemacht, daß der kleine Leonardo eine Mafia-Karriere vor sich hatte. Als der

Lucky Luciano   *Leonardo Vitale*

Junge siebzehn war, verlangte der Onkel eine Probe seines Mutes und seiner Mannhaftigkeit. Leonardo war begeistert. Weniger begeistert war er, als er die Art der Mutprobe erfuhr: er sollte das Pferd eines seiner Freunde erschießen, einen wunderschönen, gesunden, jungen Schimmel. Da Leonardo gut mit dem Gewehr umgehen konnte, schoß er knapp daneben.

Die Vorwürfe seiner ganzen Familie trafen ihn - er wurde »altes Waschweib« genannt, für einen Sizilianer die schlimmste aller Beleidigungen. Er legte noch einmal an und traf.

Daraufhin wurde er gelobt und bekam bald einen größeren Auftrag: Er sollte die Gewohnheiten eines Mannes erforschen, der im Verdacht stand, ohne die Erlaubnis der örtlichen Mafia-Familie im Revier zu stehlen. Der Mann hieß Mannino und war ein kleiner Gauner.

»Leonarduzzu«, wie er seit seiner ersten Mutprobe zärtlich gerufen wurde, stand sich zwanzig Tage und Nächte die Beine in den Leib, dann hatte er die geforderten Daten. Der Onkel hörte sich die Ergebnisse an und sagte: »Den können wir nicht brauchen.«

Leonarduzzu verstand, und da man ihm - sozusagen als Ermunterung - einen Revolver, Kaliber 12, geschenkt hatte, verlor er keine Zeit. Wenige Tage später erschoß er den Mann aus einem kleinen FIAT Topolino heraus.

Die Belohnung folgte: er wurde förmlich in den Clan aufgenommen. Wenn Leonardo Vitale den Polizisten (und der Öffentlichkeit, die Sensationen natürlich gierig aufnahm) die Wahrheit erzählt hat, ging dies rituell und blutig zu: Hohe Mafiosi waren dabei, wie der alte Totò Inzerillo und Giuseppe Bologna. Ein Orangenbaumdorn wurde durch Leonardos Mittelfinger gestochen, das Blut floß zur Erde und wurde mit dieser gemischt, ein Heiligenbild verbrannt und der Schwur des »Heiligen Paulus« gesprochen, schließlich küßten ihn die Alt-Mafiosi auf den Mund (»aber nur auf die Lippen, nicht mit der Zunge«, wie Leonardo versicherte): Leonardo war nun ein »picciotto«, eine Art Mafia-Lehrling.

In den nächsten Jahren durfte er sich als Nachwuchskraft und Handlanger bewähren, wobei er sich durch drastische Praktiken beim Eintreiben von Schutzgeldern einen Namen machte - indem er Zahlungsunwilligen z. B. die Autos anzündete, die Geschäftseinrichtung ramponierte oder ihre Lieblingshunde tot vor die Haustüre legte.

Er übte sich auch weiter im Morden, schoß aber bei einem der nächsten Versuche - Zielscheibe war ein kleiner Dieb - daneben und beschwor seinen Freund, den jungen Salvatore Inzerillo, die Blamage um Himmels Willen nicht weiterzuerzählen - sein Ruf wäre ruiniert gewesen.

Besser klappte es dann, als sich Onkel Titta ausgerechnet von einem der Herren beleidigt fühlte, der Leonardos Mund bei der Aufnahme geküßt hatte - Giuseppe Bologna. Onkel Titta erzählte dem Jungen nur, daß der Mann ihn geschlagen habe - »Mal sehen, picciotto, was man da machen kann«: Zweieinhalb Tage später erschoß ihn Leonardo vor seinem Haus, von hinten.

Durch seine Protektion war Leonarduzzu mittlerweile schon längst zur »persona onorata« geworden, ging in feinen Salons Palermos aus und ein und hatte Zugang zu erlesenen Politiker- und Beamtenzirkeln.

Anfang der siebziger Jahre veränderte er sich jedoch nach und nach, er konnte keinen Schlaf mehr finden, sah sich fortwährend verfolgt, verpatzte Aufträge. Wahrscheinlich ahnte der sensible Leonardo Vitale schon damals etwas von den drohenden Auseinandersetzungen: Ende der siebziger Jahre begannen die bösen Kämpfe der Clans, die mit der Ausrottung ganzer Familien (darunter auch der meisten, mit denen Vitale liiert war) endete.

Jedenfalls stellte sich Leonardo Vitale unvermittelt am 30. März 1973 der Polizei und packte aus. Sechzehn cosche flogen innerhalb weniger Tage auf.

Zur Überraschung aller blieb Leonardo Vitale am Leben. Wahrscheinlich erkannten die Clans, daß man durch seine Ermordung die Aussagen Leonardos allenfalls bestätigen würde. Sie schlugen einen anderen Weg ein - hartnäckig und am Ende mit Erfolg, betrieben sie seine Einweisung in eine psychiatrische Klinik, wo er nach neun vergeblichen Versuchen beim zehnten Mal endlich für geistesgestört erklärt wurde, weshalb seit 1979 seine Aussagen nicht mehr gerichtsverwertbar sind. Weshalb er allerdings auch die 25 Jahre Zuchthaus, die er wegen Mordes bekommen hatte, nicht abzusitzen braucht. Er lebte in der Nervenheilanstalt Barcel-

lona in Sizilien. 1985 wurde er dann doch noch ermordet -
auf offener Straße, beim Verlassen einer Kirche.

Mitläufer

Roberto S., 48 Jahre, derzeitiger Beruf: Bauarbeiter.
1969-1974 Aufenthalt in der Bundesrepublik (Karlsruhe und
Heidelberg), dann Rückkehr nach Palermo, weil seine Frau
schwer erkrankt war und fünf Kinder zu versorgen waren.
1975 wegen Beteiligung an einem Raubüberfall mit Todes-
folge zu sechs Jahren Gefängnis verurteilt. Seit 1981 in Neapel beschäftigt, wo nach dem Tod seiner Frau die Kinder bei
seiner Schwiegermutter untergebracht sind - seine Eltern sind
schon seit über zwanzig Jahren tot.[14]
Seine Verurteilung in Palermo war im Zusammenhang mit
anderen 15 Männern erfolgt; Roberto spricht dabei grundsätzlich von »seiner cosca«, ganz im Mafia-Jargon. Fühlt er
sich aber als Mafioso?
»Mafia, Mafia - das ist überall und nirgends. Wenn du dir
ansiehst, was die Banditen in der Regierung in Rom machen,
die das Geld tonnenweise ins Ausland schaffen - ist das etwa
nicht Mafia?«
Das ist sicher kriminell - aber ist ›Mafia‹ nicht eine eher sizilianische Angelegenheit?
»Klar, aber dann sind bald alle Sizilianer Mafiosi. Wer dort
etwas sein oder werden will, muß sich arrangieren (arren-
dersi). Du kriegst keinen Posten auf die einfache Art oder so,
wie du das in Deutschland gewohnt bist. Du mußt bei den
richtigen Leuten fragen und auch sagen, daß du was von dei-
nem Lohn abgibst.«
Arbeitsämter?
»Gibt es, natürlich. Aber auch da ist es besser, dem Mann
erstmal zu sagen, was man ihm anbieten kann, wenn er was
für einen hat. Noch besser, mit einer Empfehlung (biglietto di
raccomandazione) hinzugehen. Aber die haben meist sowieso keine Arbeitsplätze. Und wenn sie dir einen geben, bist
du ihn am anderen Tag vielleicht schon wieder los.«
Woran erkennt man die ›richtigen‹ Leute?

»Das weiß man. Es gibt in jeder Straße welche, oder welche, die welche kennen.«

Wie benimmt man sich bei denen?

»Kommt darauf an. Es gibt welche, die sind freundlich und die vermitteln dich auch gut. Die fragen auch nicht nach Geld. Aber wenn du da selbst nicht drauf kommst, was abzugeben, wirft dich dein Chef vielleicht morgen schon wieder raus. Andere sagen gleich ›Ci vuole un po' di soldi‹ - Da ist etwas Geld nötig. Die haben auch ihre Vorteile, die sagen nämlich, wieviel sie wollen, man muß nicht raten, wie hoch der richtige Betrag ist.«

Fühlt man sich schon einer Gemeinschaft zugehörig, wenn man auf diese Weise Arbeit bekommen hat?

»Nein, es ist ja irgendwie der natürliche Weg, jeder weiß, daß der Nachbar denselben Weg geht. Es kann auch sein, daß du bei einem Chef angestellt bist, der auch nur dazu gezwungen wird, wie auch immer, eine bestimmte Anzahl von Leuten ›auf Empfehlung‹ anzustellen.«

Wie ist er selbst in den kriminellen Bereich geraten?

»Zunächst merkst du gar nichts. Die wollen auch nichts von dir, lange Zeit, bei manchen vielleicht weniger lange. Bei mir hat es mehr als ein Jahr gedauert. Da kam ein Vorarbeiter und sagte, du kannst doch einen Lastwagen fahren. Dann komm heute abend um halb elf, da ist eine Fuhre von Palermo nach Monreale zu bringen. Ich weiß jetzt selbst nicht, ob ich mir etwas dabei gedacht habe oder nicht, jedenfalls sagte er, daß ich Überstunden bekomme. Nachts sind wir dann erst mit dem Lastwagen zu einem Heuschober außerhalb der Stadt, da wurde aufgeladen, ich mußte gar nicht helfen. Dann kam der Vorarbeiter und hat mich über allerhand Seitenwege gelotst. Nach einer Stunde waren wir kurz vor Monreale, da ist eine Steigung mit einigen Kurven. In einer Kurve stand plötzlich ein Carabinieri-Wagen quer. Der Mann neben mir sagte, Mensch, drück drauf, wir müssen durch. Ich hab überhaupt nichts gedacht, sondern wirklich durchgedrückt, der Polizeiwagen flog zur Seite, wir kamen durch, es gab ein paar Schüsse, aber uns ist nichts passiert. Tags darauf waren sie in der Firma, einige Lastwagen wurden beschlagnahmt, die haben sie wohl untersucht. Aber drei Kollegen sagten aus, daß ich mit ihnen zusammen Karten gespielt habe, und außerdem

39

hatten sie ja mein Gesicht nicht gesehen. Ich weiß bis heute nicht, was in dem Wagen war.«

Und später?

»Da gaben sie mir immer wieder solche Aufgaben, manchmal mußte ich auch ein Personenauto fahren, meist einen FIAT 128. Einmal stiegen drei Burschen zu, die ich nicht kannte, die auch nichts sagten, sondern mir nur einen Zettel mit einer Adresse zeigten, da fuhren wir hin, und kurz vorher zogen sie Masken auf. Aber irgendwie war da was schiefgelaufen, jedenfalls gab es schon an der Ecke eine Schießerei. Dabei wurde ein alter Mann getroffen, wohl von einem Querschläger, der starb dann. Mich und noch einen haben sie erwischt, und dann kamen auch noch Bankangestellte vor Gericht, die da was verraten haben sollen.«

Hat die Firma danach etwas für ihn getan?

»Es gab Zeugen, aber denen hat man nicht geglaubt. Im Gefängnis hatte ich es aber nicht schlecht, mußte nicht viel arbeiten, konnte mir auch mal Essen kommen lassen. 1981, als ich wieder rauskam, habe ich auch gleich wieder Arbeit bekommen.«

Wie werden sonst Leute für kriminelle Tätigkeiten gewonnen?

»Manche direkt von der Straße. Bei den Arbeitslosen. Das machen die von der Ehrenwerten Gesellschaft und der Camorra genauso wie die Terroristen. Die sehen dich heute auf der Straße, morgen auch, nach einem Monat immer noch. Die sehen, daß du alle möglichen Leute anhaust, um 100 000 Lire für das Notwendigste, für deine Familie, zu kriegen. Und dann kommen sie und sagen dir, du kannst ja verrecken, oder du kannst auch mit uns arbeiten. Meinst du, das ist eine echte Wahl?«

Er lebt jetzt bei Neapel, weil ihm sein Schwiegervater hier eine Stelle vermittelt hat und er bei seinen Kindern sein kann - drei sind noch minderjährig. Wird er wieder ins »Geschäft« gehen?

Er zuckt die Schultern.

Als ich Weihnachten 1982 Roberto S. besuchen will, ist er gerade eingesperrt worden. Sein Schwiegervater sagt, es sei wegen Rauschgifthandels.

Carlo A., 26 Jahre alt, vorbestraft wegen Bandenbildung und gemeinschaftlich begangener Schutzgelderpressung in mindestens zwei Fällen, wovon er den einen bis heute energisch bestreitet.[15]

Er lebt in der Nähe von Palermo, fährt jeden Tag in die Stadt, obwohl er keine Arbeit hat. »Da treffen wir uns, andere, die auch ohne Arbeit sind. Das ist besser, als wenn ich zu Hause meiner Frau und meiner Mutter auf die Nerven falle.«

Er ist seit drei Jahren verheiratet, hat zwei Kinder; sie alle leben, zusammen mit drei ebenfalls verheirateten Geschwistern, in einem Haus nahe dem kleinen Fischerhafen.

Carlo hat die Mittelschule besucht, mit gutem Erfolg, war dann in einer Autowerkstätte, aber die flog eines Tages in die Luft und wurde nicht wieder eröffnet.

»Da ist mir irgendwie klar geworden, daß die Leute, die das Haus haben hochgehen lassen, sich eher durchsetzen als wir ehrlichen Schweine, die so viel ackern.«

Trotzdem suchte er eine neue Stelle und arbeitete einige Wochen bei der Müllabfuhr, hörte dann auf und zerschlug im Rausch nachts eine Fensterscheibe. Er wurde nicht erwischt, aber der Besitzer fand heraus, wer es gewesen war, und forderte Schadensersatz von ihm.

Er beriet sich mit einem Freund, und der brachte am nächsten Tag noch zwei weitere Freunde mit; einer von ihnen kannte jemanden, der angeblich die »Sache in Ordnung« bringen könne. Zwei Tage später war alles in Ordnung: der Ladenbesitzer grüßte ihn freundlich wie zuvor und sagte nichts mehr von der Fensterscheibe.

»Drei Wochen später kam der Freund wieder und sagte, der Mann, der mir damals geholfen hat, hätte eine Bitte. Ob ich in ein bestimmtes Geschäft gehen könnte und da einen Umschlag abholen, der bereitliegt. Ich ging hin, bekam den Umschlag, der Ladenbesitzer, es war eine Lebensmittelhandlung, sah mich sehr merkwürdig an, sagte aber nichts. Als ich den Umschlag ablieferte, bekam ich fünftausend Lire dafür«.

Die ›Aufträge‹ wurden immer regelmäßiger.

»Eines Tages kam ich an einen kleinen Kiosk, und der Mann sagte mir, er habe heute keinen Umschlag. Seine Frau sei krank, seine Kinder auch; morgen oder übermorgen. Ich richtete das meinem Freund aus, und der sagte: ›Das wird unangenehm werden für den‹. Tags darauf hörte ich, daß der Mann am Morgen von einigen Burschen Schläge bekommen habe. Und mein Freund sagte, ich solle wieder hingehen. Ich hatte große Angst, den Mann anzuschauen. Er gab mir den Umschlag, sagte aber kein Wort, blickte mich nur an.«

Es stellte sich heraus, daß der Inhalt nicht vollständig war. Carlo beschwor, daß er nichts daraus entnommen hatte, der Freund forderte, daß er entweder aus eigener Tasche zahle oder nochmal hingehe.

»Ich hatte doch nie im Leben hunderttausend Lire. Also ging ich hin, aber der Mann war weg, der Kiosk zu. Ich sagte das meinem Freund, der wurde sehr unfreundlich. Am Tag darauf sagte er mir, daß ich genau zwei Tage Zeit hätte, um das Geld zu beschaffen.«

Carlo hatte niemanden, der aushelfen konnte - zweihundert Mark sind in Palermo auch heute noch viel Geld.

»Ich streunte den ganzen Tag durch Palermo und suchte nach Geschäften, die ich nachts hätte ausrauben können. Am Ende fand ich ein Schmuckgeschäft, das so billiges Zeug verkaufte, vielleicht Gestohlenes, aber ich dachte, daß die bei Feierabend wohl Geld in der Kasse haben würden und beschloß, sie nach Hause zu verfolgen, dann zu klingeln und sie zu zwingen, mit mir in das Geschäft zu gehen. Ich ging nach Hause, um mir eine Strumpfmaske zu machen. Aber kaum war ich im Flur angekommen, da sprangen drei Männer auf mich zu und hielten mich fest. Es waren Polizisten, sie nahmen mich mit. Der Kioskbesitzer hatte mich angezeigt, und meinen Freund auch.«

Carlo bekam drei Jahre, und da er zur Tatzeit erst 20 gewesen war, durfte er nach zwei Jahren wieder heraus.

»Die haben mich vor dem Überfall bewahrt«, sagt er heute. Aber eine Stelle hat er noch immer nicht. Straffällig, sagt er, ist er inzwischen - außer Schwarzfahren mit dem Bus - nicht mehr geworden.

»Mal sehen, wie lange das hält«, sagt er beim Abschied. Ich kenne ihn jetzt seit knapp drei Jahren.

Giancarlo G. ist heute knapp 60 Jahre alt und Parkwächter vor einer der Sehenswürdigkeiten Palermos. Er gilt aufgrund seiner Art, Dinge direkt beim Namen zu nennen, als eine Art Stadtteil-Original - »vielleicht habe ich deshalb jetzt meine Ruhe«, sagt er.[16]

Denn auch er hat es einst mit der »Firma« (»compagnia« oder »frattellanza«, wie er »Mafia« regelmäßig umschreibt) zu tun bekommen, als kleiner Andenkenladen-Besitzer in einem Vorort Palermos.

»Eines Tages bekam ich einen freundlichen Brief, ohne Unterschrift: ›Sehr geehrter Herr, wir bitten Sie höflichst, am kommenden Donnerstag dreihunderttausend Lire bereitzuhalten. Ein Freund wird sie bei Ihnen abholen. Sie dürfen sicher sein, daß Ihr Laden noch hundert Jahre stehen wird.‹

Ich dachte, daß das ein Witz ist, aber meine Frau sagte, daß ich aufpassen soll, weil sie gehört hat, daß die Geschäfte in der Umgebung alle solche Briefe kriegen. Ich wartete also auf den Donnerstag, und da kamen zwei so Dreiviertelgestalten daher und sagten, sie wollten was abholen. Ich hab mich erst dummgestellt und gefragt, was sie holen wollten, da sind sie wieder gegangen. Am nächsten Morgen waren an meinem Motorrad die Reifen aufgestochen, ein Zettel klebte am Sitz, auf dem stand nur ›48 Stunden‹. Zwei Tage später standen die wieder vor mir, und da hab ich ihnen ein Bündel Zeitungen ins Gesicht geworfen, ich seh sie heute noch davonrennen. Aber auch ein paar Kunden sind weggelaufen, und den ganzen Nachmittag kam kein einziger mehr in den Laden. Ich hab schließlich zugemacht und wollte heimfahren, da standen plötzlich fünf oder sechs Burschen vor mir, die haben mich auf offener Straße zusammengeschlagen. Gesehen hat natürlich von den Nachbarn keiner was.«

Die Schläge waren so gründlich, daß ihm zwei Finger der rechten Hand amputiert werden mußten, der linke Arm ist bis heute teilweise gelähmt.

»Da war es aus mit dem Geschäft. Fünf Jahre hab ich herumgesucht, keiner hat mir Arbeit gegeben. Bis ich hier Parkwächter werden konnte.«

Und wie das?

43

»Natürlich mit Genehmigung der ›Firma‹. Eines Tages kamen wieder ein paar Burschen, die stellten sich neben mich in meiner Stamm-Bar, und ich kriegte ganz schön Angst. Aber die sagten nur: ›Wenn du monatlich 250 000 Lire abgibst, kannst du einen Parkplatz kriegen, einen guten sogar‹. Da hab ich angenommen.«

Hat er mit anderen darüber geredet?

»Natürlich, wir reden hier alle darüber. Zu Fremden nicht so gerne, aber dich kenn ich nun ja schon seit Jahren, du kommst immer wieder zu mir. Der Barbesitzer dort drüben zum Beispiel, der muß wöchentlich zahlen. Die schätzen sein Einkommen, weiß der Teufel wie, und rufen am Tag bevor sie kommen an.«

Der Barbesitzer. Ich versuche ein Interview,[17] frage harmlos, ob in diesem Jahr mehr Touristen als früher gekommen sind. Ja, das sicher, das Geschäft geht jetzt besser als voriges Jahr, wo es schlimm war.

Aber man sagt doch, daß die Mafia in diesen Monaten . . .

»Nein, nein, die Mafia, die Mafia - das stimmt alles nicht. Die Mafia hat es immer gegeben, seit wir leben, die tut wirklich keinem von uns oder Ihnen etwas . . .« Aber die Presse schreibt doch . . .

»Was kümmert mich die Presse. Ich lese keine Zeitungen, ich denke nur an meine Arbeit und an nichts anderes. Ich weiß wirklich von nichts . . .«

Er widmet sich wieder seiner Kundschaft, läßt mich stehen.

Giancarlo G., der Parkwächter, sieht trotz seiner schlimmen Erfahrungen mit der Mafia die ›Firma‹ keineswegs als das größte nationale Übel an - und Dutzende anderer Interviews haben dasselbe Ergebnis gebracht.

»Mit dem Großreinemachen sollen die in Rom bei sich selber anfangen - da sitzen die größten Gangster . . .«

Noch einmal Szenenwechsel. Ein kleiner Ort in der Provinz Latina, hundert Kilometer südlich von Rom. Im Sommer ein Ameisenhaufen von mehr als 400 000 Badegästen, im Winter am Meer entlang ein Friedhof leerer Gebäude. Ich wohne da, wenn ich in Italien bin.

Am 30. September brennt nachts ein Strandkiosk völlig ab - obwohl es seit Stunden heftig regnet.

Der Kiosk ist nicht mehr als solcher genutzt; er gehört einem vierundachtzigjährigen Mann, der einige Habseligkeiten darin hat und im Sommer den nebenan gelegenen letzten kleinen Weinberg bewacht.

Als ich an der Feuerstelle ankomme, hat von nebenan ein kräftiger jüngerer Mann einen Schlauch über den Zaun geworfen und löscht eifrig.

Wer kann das dem alten Mann antun, frage ich, der tut doch keinem etwas.

»Der Alte«, sagt der Mann mit dem Schlauch, »ist mein Vater. Und der Anschlag gilt mir.«

Ehe ich weiterfragen kann, kommt die regionale Feuerwehr, eine örtliche gibt es nicht, bestehend aus einem Mann in Zivil ohne irgendwelche Löschgeräte und einem Carabiniere. Bei dessen Anblick gerät der Mann mit dem Schlauch in Wut: »Ihr seid daran schuld, ihr Lumpen«, brüllt er, »Hab ich nicht vor zwei Wochen Anzeige erstattet? Was habt ihr getan - nichts! Aber jetzt gibt es nur noch eins: Rache, Rache . . .«

Er hebt die Hand zum »vendetta«-Schwur, gewollt oder ungewollt ändert der Wasserstrahl seine Richtung, der Carabiniere wird völlig naß, seine Mütze fliegt ins Wasser.

Aber er schimpft nicht los, sondern tritt stumm den Rückzug an.

Da das Feuer unter Kontrolle ist, will auch ich wieder ins Trockene, ich begleite ihn, frage ihn, was das alles bedeutet. Er zuckt die Schultern.

»Der Mann meint, die Mafia oder die Camorra steckt dahinter. Kann sein. Die kommen jetzt allmählich vom Süden auch zu uns herauf. Aber ich hab' nichts gesagt. Besser, man weiß von nichts.« Tatsächlich war eine Woche zuvor ein Seitenflügel der größten Wurstfabrik in der nahen Stadt in die Luft geflogen, zehn Tage davor ein Möbellager ausgebrannt. Der Sohn unseres Alten vom Kiosk hat die zwei größten Campingplätze in der ganzen Gegend.

Drei Monate später interviewe ich einen Mann der »Squadra informativa« der Ortspolizei. Es habe sich alles gelegt, sagt er, weil die Geschäftsleute dem Ansinnen der Kriminellen widerstanden haben.

45

Also ein Erfolg?

In dem Augenblick, wo ich die Polizeistation verlasse, saust eine Feuerwehr vorbei. Keine zweihundert Meter von dem Carabinieri-Posten ist, mitten im Ort, eine Pasticceria auf unerklärliche Weise explodiert.

Gleichgültig, ob sich hinter all diesen Vorgängen am Ende konkrete Verbindungen zwischen den mafiosen oder camorristischen Clans herstellen lassen oder ob sich hier einfach örtliche Gangs bilden: die Reaktion der Betroffenen zeigt, daß bei solchen Delikten heute grundsätzlich sofort die »Ehrenwerten« dahinter vermutet werden.

Die Durchdringung der Gesellschaft mit dem organisierten Verbrechen scheint für die meisten Italiener so sehr Realität zu sein, daß sie sich überwiegend schon damit abgefunden haben.

Die notwendige Differenzierung

Eric H. Hobsbawm gehört zu den renommiertesten Forschern auf dem Gebiet der Sozialbewegungen und der historischen Lage unterprivilegierter Klassen. So konnte es nicht
ausbleiben, daß er auch auf das Problem der italienischen organisierten Kriminalität stieß - im Zusammenhang mit seinen
Forschungen über das »Banditentum« bzw. über »Sozialrebellen«.[1]

Dabei beschreibt er die Mafia folgendermaßen: Sie habe
sich vor allem aus dem »Bedürfnis der Bauern nach besonderen Schutzvorkehrungen«[2] entwickelt, sie sei »ein von vornherein bäuerliches System«,[3] weil »die sizilianischen Bauern
die ganze Geschichte hindurch unter der Doppelherrschaft
einer fernen, meist fremden Zentralregierung und dem Lo-
kalregime sklavenhaltender oder feudaler Herren gelebt«[4]
hatten; schließlich lag die »Entwicklungstendenz der Mafia
darin, sich von einer Sozialbewegung weg auf eine politische
Pressure-group hin und schlimmstenfalls zu einem gewalttä-
tigen Erpresserring zu entwickeln«.[5] Traditionell, so Hobsbawm, seien »alle Mafia-Größen ausnahmslos wohlhabende
Männer«[6] gewesen; das »Parallel-System«, das die Mafia
gegenüber der meist schwachen oder nicht anerkannten staatlichen Macht entwickelte, habe aber auch »den Bauern und
Bergarbeitern zumindest eine gewisse Garantie« geboten,
daß »gegenseitige Verpflichtungen eingehalten wurden, d. h.
daß der gewohnte Grad der Unterdrückung nicht ständig
überschritten wurde; paradoxerweise milderte also der Terror die traditionelle Tyrannei«.[7] Weshalb denn auch die Mafia über wichtige historische Epochen der jüngeren italienischen Geschichte »eine wirkliche Basis im Volk« gehabt habe
- »solange Sizilien nur eine fremder oder von außen kommen-
der Herrschaft unterworfene, statische Feudalgesellschaft
war« und den »Charakterzug einer nationalen, kollabora-
tionsfeindlichen Verschwörung«[8] trug. Weshalb denn auch

»1820, 1848 und 1860 die *squadre* zusammen mit den Liberalen Palermos kämpften, zu denen auch die antibourbonische Aristokratie Siziliens zählte. Sie führte 1866 den ersten großen Aufstand gegen den nördlichen Kapitalismus«.[9]

Mit Ausnahme des allerletzten Satzes ist an dieser Darstellung Hobsbawms so ziemlich alles falsch - falsch damit auch sein zusammenfassender Satz: »Die Mafia und ähnliche Phänomene werden am besten als eine etwas komplexere Entwicklung des Sozialbanditentums betrachtet«.[10]

Weder läßt sich aus den vorhandenen Dokumenten auch nur ein einziger Beweis dafür liefern, daß die Mafia oder bekannte Mafiosi besonders eifrig für Bauern eingetreten sind (Hobsbawm zitiert auch keinerlei Belege), noch ist sie aus dem »bäuerlichen System« hervorgegangen - sondern, wie wir in den nächsten Abschnitten sehen werden, aus den Interessen der Feudalherren, die gerade die Unterdrückung der Bauern zum Ziel hatten; ebensowenig war die Mafia ursprünglich eine »Sozialbewegung« und daher mit einer »Basis im Volk« versehen, sondern umgekehrt bekam sie die breite Basis erst, als sie im letzten Drittel des vorigen Jahrhunderts ihre anti-römische Komponente stärker entwickelte und damit der traditionellen sizilianischen Verweigerung gegenüber staatlichen Autoritäten Vorschub leistete - auch darüber im folgenden mehr -; noch hat das Mafia-System irgendwann Bauern und Bergarbeitern die Gewähr der Vertragseinhaltung geboten, was sich ebenfalls bei Betrachtung der einzelnen Tätigkeiten mafioser Persönlichkeiten zeigen wird. Und die »squadre«, auf die Hobsbawm sich beruft, die aufständischen Bauern, hatten mit der Mafia überhaupt nichts gemeinsam - weshalb er auch hier keinerlei Belege anzuführen vermag.

Auch die Behauptung, daß die Mafiosi allesamt »wohlhabende Männer« gewesen seien, läßt sich nur als falsch oder als Halbwahrheit einstufen. Falsch insofern, als viele bekannte Mafiosi sich lediglich mit dem Ruf, eine mächtige Person in der »ehrenwerten Gesellschaft« zu sein, begnügten - was Henner Hess ausführlich bewiesen hat; halbwahr auch dann, wenn die Leute wirklich »wohlhabend« waren, dann waren sie es nämlich allenfalls erst durch ihre Tätigkeit geworden. Die klassische Mafioso-Biographie verlief ganz anders; erst in den letzten beiden Jahrzehnten treten vermehrt reiche Mafiosi auf, deren Wohlstand bereits ererbt wurde.[11]

Hobsbawm hätte die Unrichtigkeit seiner eigenen These durchaus vor Ort feststellen können - er soll in den fünfziger Jahren in Sizilien gewesen sein -, wenn er den damals neben Genco Russo bekanntesten Mafioso unter die Lupe genommen hätte, den schon genannten Dr. Michele Navarra aus Corleone. Der wurde - obwohl ein unbestrittener Mafiaführer - niemals reich.[12]

Die völlige Fehleinschätzung der Mafia - die von einer ähnlichen Falschinterpretation der Camorra ergänzt wird - mag bei Hobsbawm daher rühren, daß er faktisch nur aus uralten und meist mit keinerlei empirischer Substanz gefüllten Veröffentlichungen zitiert - fast alle sind vor der Jahrhundertwende entstanden -, ansonsten bringt er lediglich einige zufällige Zeitungsausschnitte aus der Zeit, in der er sein Buch schrieb. Eine exakte Untersuchung, wie sie etwa Henner Hess in den Archiven von Palermo vornahm, hat Hobsbawm unterlassen.

Aber Hobsbawn steht mit den Fehlinformationen keineswegs alleine. Die häufigsten Fehler rühren entweder aus vordergründiger Romantisierung oder aus falscher Analogisierung von Brigantentum, Stadtgangstertum und ausländischen Organisationen wie der »Cosa Nostra« mit der Mafia.[13] Auch die zahlreichen Versuche italienischer Juristen, »Mafia«, »Camorra« und andere Formen »organisierter Kriminalität« in rechtsverbindliche und damit polizeilich verfolgbare Formeln zu pressen, haben eher zur Verwirrung als zur Klärung geführt.

Ebenso haben die Massenmedien zur Verwischung beigetragen; Phänomene wie »Mafia« und »Camorra« werden beständig vermischt, auch die unteritalienische »'ndrangheta« sowie alle möglichen autonomen Racketts werden hiermit durcheinandergebracht, Brigantentrupps wie die von Salvatore Giuliano aus den 40er und 50er Jahren firmieren unter »Mafia« - selbst ansonsten seriösen Zeitungen unterlaufen solche Verwechslungen mitunter.[14]

Dabei verlieren am Ende nicht nur alle diese Begriffe ihre Spezifität, auch die Bearbeitung - in sozialer wie juristischer Hinsicht - wird enorm erschwert. Denn die sizilianische Mafia mit ihrer völlig anderen Geschichte, Tradition und möglichen Verwurzelung in bestimmten Bereichen erfordert überwiegend andere Methoden der Bekämpfung als etwa das Gangstertum der Camorra.

Zuerst ist also eine Differenzierung der wichtigsten in Italien und Sizilien vorhandenen Formen der organisierten Kriminalität vonnöten.

Briganten - Gangster - Mafia - Camorra - »'ndrangheta«

Die erste grundlegende Differenzierung, die in Sachen »Mafia« zu treffen ist, bezieht sich auf den Unterschied von Mafia und Brigantismus oder Banditentum.

Der Brigant oder Bandit (wir bleiben beim ersteren Wort, das in Italien dafür weiter verbreitet ist) gehört zur italienischen Geschichte schon seit dem Altertum, als die Römer ihre Herrschaft zuerst auf das Festland, dann auf Sizilien und schließlich um das gesamte Mittelmeer und bis zum Atlantik errichteten. Traditionell breitet sich das Brigantentum auf dem Land aus, und die meisten seiner Mitglieder sind Bauern oder Beschäftigte im ländlichen Bereich, etwa Hirten. Schon die antiken Sklavenaufstände in Sizilien 133-131 und 104-99 vor unserer Zeitrechnung stützten sich zum großen Teil auf solche von umherziehenden Bauern- oder Hirtenhaufen gebildete Gruppen, und der Spartacus-Aufstand 73-71 vor unserer Zeitrechnung wäre ohne die Einbeziehung der Straßen- und Viehräuber nicht möglich gewesen.[15]

Berühmt wurde im 2. Jahrhundert ein Briganten-Chef namens Bulla, der den Polizisten des Kaisers Septimius Severus immer wieder entkam und gegen den am Ende ganze Legionen losmarschierten. Als sie ihn endlich gefangen hatten, fragte ihn der Leibwachen-Oberst, warum er denn ein Brigant sei. Bullas Antwort: Und du - warum bist du Leibwachen-Oberst?[16]

Eine Antwort, die siebzehnhundert Jahre später wohl auch dem sizilianischen Banden-Chef Salvatore Giuliano hätte einfallen können, der zwar stets massiv außerhalb der Gesetze stand und schwerste Straftaten verübte, der sich aber durchaus nicht als Verbrecher fühlte, nach dem 2. Weltkrieg mit amerikanischen Geheimdiensten und Journalisten korrespondierte und sogar überaus selbstbewußt an Präsident Truman schrieb, um ihm eine Abspaltung Siziliens von Italien und die Ernennung zum 49. Staat der USA vorzuschlagen.[17]

Besonderen Aufschwung nahm der Brigantismus in Unteritalien und Sizilien im 18. Jahrhundert, als im bourbonischen Staat die Adeligen die Ausbeutung der Bauern forcierten. Als die Franzosen 1799 und 1806 in Italien einfielen und die Republik - später dann das »einige« Königreich unter dem Bruder Napoleons - ausriefen, traten jedoch zahlreiche Straßenräuber und »in die Berge« geflohene Bauern in die Dienste eben dieser Bourbonen; berühmte Briganten wie Michele Pezza, genannt »Fra Diavolo«, schlossen sich dem Kardinal Ruffo an, als dieser im Auftrag des geflohenen Bourbonenkönigs Ferdinand IV. von Unteritalien aus das »Königreich beider Sizilien« (beginnend etwa 100 Kilometer südlich von Rom, bei Terracina, und den gesamten Süden und Sizilien umfassend) innerhalb weniger Monate 1799 wieder eroberte. Die größten Anteile seines »Volksheeres« (truppe a masse) bildeten Briganten.[18]

In den sechziger Jahren des 19. Jahrhunderts wurden sie wieder aktiv. Inzwischen hatte der Wiener Kongreß 1815 die Bourbonen erneut als Herrscher eingesetzt, inzwischen waren - 1860 - aber auch Garibaldis Truppen in Sizilien gelandet (das Unternehmen »der Tausend«), hatten mit Hilfe vor allem der Bauern die Bourbonen gestürzt und die Reichseinigung herbeigeführt - aber die Landmenschen Unteritaliens und Siziliens sahen sich aufs Schwerste enttäuscht. Denn statt der ersehnten Freiheit von den parasitären Landbaronen bekamen sie es nun mit der industrialisierungsfixierten norditalienischen Bourgeoisie zu tun, deren Polizisten und Truppen den Süden wie eine Kolonie besetzten und ausbeuteten. Auch diesmal bildeten sich zahlreiche Brigantentruppen, die teilweise nur aus wenigen Leuten, mitunter aber aus bis zu 2500 mehr oder minder bewaffneten Männern bestanden (wie etwa die Armee des berühmten Briganten Crocco).[19]

Der ländliche Brigant konnte aus verschiedenen Gründen »in die Berge« geraten - sei es durch eine kleine, aber massiv geahndete Gesetzesverletzung, weil er Blutrache geübt hatte oder üben wollte, weil er aus dem Gefängnis ausgebrochen war, oder auch, weil die profitwütigen Norditaliener seinen Beruf gefährdeten, den seine Familie schon seit Generationen ausgeübt hatte. Sein Anliegen war in der Regel kein unmittelbar bürgerlich-politisches, es war vielmehr für ihn eine Art Überlebensfrage, in einer neuen Gemeinschaft eine Existenzgrundlage aufzubauen. Wichtig festzuhalten ist, daß der Brigant außerhalb der Gesetze stand, sich auch so empfand (im Gegensatz, wie wir sehen werden, zum Mafioso des »klassischen« Typs) und ihm der Rückweg in »legale« Verhältnisse versperrt war. Wichtig ist auch die beim Briganten in aller Regel noch bestehende Verbindung zu seiner Familie, seinem Dorf, von dem er unterstützt - und keineswegs ausgeschlossen - wurde, das ihm meist sogar die wesentliche Grundlage für seine Reproduktion blieb.[20]

Vom Briganten zu unterscheiden ist der Gangster, obwohl er gewisse Aspekte mit ihm gemeinsam hat. Üblicherweise wird der Gangster - gleichgültig, woher er stammt - als eine städtische Erscheinung angesehen (nicht zufällig kommt die Bezeichnung aus dem Amerikanischen). Wie der Brigant steht auch er außerhalb des Gesetzes, in der Regel ohne Chance zu einer Rückkehr. Wie der Brigant kann der Gangster seine Reproduktion und auch seine Operations-Basis ebenfalls längere Zeit von seiner Familie aus aufrechterhalten. Aber während im ländlichen Bereich durchaus die Versorgungs-Beziehung zwischen dem Briganten und seiner Familie allgemein (etwa im Dorf) bekannt sein darf, kann sich der Gangster, ist er einmal als solcher erkannt, dies nicht mehr leisten, da er mit großer Wahrscheinlichkeit denunziert und festgenommen würde.

Umgekehrt kann der Gangster vor seiner Entdeckung jahrelang als solcher »arbeiten«, ohne mit der Polizei in Konflikt gekommen zu sein, während beim Briganten in der Regel dieser Zusammenstoß bereits vor seiner Abwanderung in den »brigantaggio« erfolgt ist oder unmittelbar bevorgestanden hätte, wäre er nicht »in die Berge« gegangen.

Wiederum im Unterschied zum Briganten kann sich die städtische Gang, der der Gangster angehört, nicht in beliebiger Größe konstituieren - auch wenn mitunter mehrere

Gangs unter einem Oberkommando arbeiten, so kann man doch nicht von einer »Groß-Gang« sprechen. Die Gruppen müssen in der Regel in kleiner Stärke arbeiten, wobei ein Dutzend Mitglieder schon recht beträchtlich ist.

Ebenfalls anders als bei den Briganten besteht der Hauptkampf des Gangsters primär nicht im Krieg gegen die Ordnungskräfte (wiewohl dieser auch in Großstädten mitunter ausbricht), sondern im gewöhnlichen Verüben von Verbrechen zum Zwecke unmittelbarer und sofortiger Bereicherung. Erst wenn der Name des Gangsters einmal bekannt ist, gerät er allmählich an den Punkt, an dem der Brigant von Anfang an ist - wo er sich nichts mehr vergibt, wenn er jeden Ordnungsmann, Soldaten oder Polizisten angreift, der ihm begegnet und ihn als »Outlaw« erkennt.

Gangster, die durch einfache Räubereien oder schlichte Gewaltkriminalität ihren Besitz erwarben, ebenso wie bäuerliche Banditen, die sich von Reisenden oder von schlecht bewachten Gütern Nahrung holten, waren daher durchwegs allen zuwider, die Besitz hatten - und natürlich auch denen, die von solchem Besitz parasitär profitierten. Also auch den Mafiosi, denn sie konnten sich von den Baronen oder den Großgrundbesitzern nur dann ihre Pacht- oder Schutzgelder holen, wenn deren Vermögen nicht unkontrolliert geschmälert wurde. Was nicht ausschließt, daß mafiose Personen sich mitunter einzelner Banditengruppen bedienten, um bestimmte Ziele durchzusetzen.

Über die Herkunft des Wortes »Mafia«, auch »Maffia« geschrieben, ist viel spekuliert worden.[21] Am weitesten zurückverlegt wird ihre Entstehung von Autoren, die sie schon 1282, zur Zeit der »Sizilianischen Vesper« (bei der die Franzosen massenweise abgeschlachtet worden waren) ausmachen wollen: da soll »Mafia« als Abkürzung für den Schlacht-Ruf »Morte ai francesi, Italia anela!« (Tod den Franzosen, keucht Italien) gestanden haben. Was aber nirgends bewiesen ist. Auch der italienische Einheitskämpfer Mazzini mußte für den Ursprung des Wortes »Mafia« herhalten (»Mazzini autorizza furti, incendi, avvelenamenti« - Mazzini läßt Diebstähle, Brandstiftungen und Vergiftungen zu).

Tatsächlich nachweisbar ist bereits vor dem 19. Jahrhundert eine Reihe von Worten, die ähnlich wie »Mafia« klingen, und noch bis in die Mitte des vorigen Jahrhunderts war weder etwas Negatives, Kriminelles, noch etwas Soziales damit gemeint. Im 17. Jahrhundert taucht das Wort einmal im Sinne von »Kühnheit«, aber auch »Anmaßung« auf, noch um 1880 konnte einem schönen Mädchen in Dialekten um Palermo herum die Eigenschaft »mafios« als positiv zugeschrieben werden. Was wiederum eine andere Deutung fraglich macht, die das Wort auf arabische Ursprünge zurückführt, wo damit entweder ein Prahler oder der Angehörige eines bestimmten Stammes namens »Ma afir« oder auch bestimmte Höhlen, »maha«, zum Verbergen von Verbrechen, bezeichnet werden konnten.

1865 wurde das Wort erstmals in der Sprache einer Strafverfolgungsbehörde verwendet, nachdem drei Jahre zuvor eine Dialektkomödie »I mafiusi della Vicaria« die im Gefängnis besonders angesehenen Häftlinge als »mafiusi« bezeichnet hatte. Die nunmehr auch von den Juristen als Mafiosi benannten Personenkreise waren vorher als »unioni« oder »frattellanze«, oder auch »sette« bezeichnet worden, als Vereinigungen, Brüderschaften oder Sekten, auch als »partiti«, als Parteiungen oder Großgruppen, jedoch nicht im politischen Sinne.

Seit 1875 läßt sich der Begriff »Mafia« auch in nichtitalienischen Sprachen nachweisen, meist im Zusammenhang mit Gefängnisrevolten, Polizistenermordungen oder Bandenbildung in Form des Gangster- oder auch des Brigantentums. Die Verwischung der Begriffe begann bereits zu dieser Zeit.

In Italien wurde »Mafia« seit der Einbürgerung in die Juristensprache zunächst auf kleine Hehler und auch auf Organisatoren von Verbrechen, bald dann fast nur noch auf kriminelle Vereinigungen bezogen. Weit verbreitet ist inzwischen der Begriff als Bezeichnung einer allumfassenden Geheimorganisation.

Die bislang sinnvollste Kritik des Begriffes der »umfassenden Organisation« stammt von Henner Hess, wodurch der Weg frei wurde zu einer sozialpsychologischen Deutung: »Mafia« als ein bestimmtes Verhaltensmuster, das um einen Mann eine Anzahl von Leuten schart, die ihm einerseits teil-

54

weise blind ergeben sind und seine Anordnungen krimineller wie anderer Art ausführen und dafür von ihm Schutz erhalten, die dann aber andererseits wiederum seine Stellung in der gesamten Gesellschaft, der Umgebung, im Dorf, in der Region, im Stadtteil oder der Kommune, mitbedingen.

Das Verhältnis mafioser Personen (und Gruppen) und ihrer »Gefolgsleute« läßt sich am besten als »Klientel«-Beziehung darstellen. Merkwürdigerweise findet sich in keiner der mir zugänglichen Veröffentlichungen die schlichte Mitteilung, daß gerade dieses Klientel-Verhältnis zu den ältesten Sozialbeziehungen Italiens insgesamt gehörte.

Wie deutlich die Parallele ist, zeigt der Vergleich. »Paulys Realencyklopädie« beschreibt die gegenseitige Abhängigkeit von Patron und Client für die Zeit vor 2000 Jahren, in der römischen Republik, unter dem Stichwort »clientes« so:

> »Macht und Einfluß der Politiker beruhen zu einem guten Teil auf einem schlagkräftigen und einsatzfreudigen Anhang in den verschiedensten Bevölkerungsschichten, auf seiner Klientel, bei der die ›fides‹, das gegenseitige Vertrauen, gegenüber der ›potestas‹, der ausgeübten Macht, in den Vordergrund getreten ist und die deshalb einen weiteren Kreis von Verpflichtungsverhältnissen umfassen kann als die alte Hörigkeit. Der Patronat bleibt auch nicht auf Individuen beschränkt, er kann sich auf ganze Gemeinden und Provinzen erstrecken und diese als Klienten betreuen. Hauptaufgabe des Klienten ist es, das gesellschaftliche Prestige seiner Schutzherren zu stärken und seinen politischen Ambitionen Nachdruck zu verleihen. Er erhält dafür seinerseits wirtschaftliche Vorteile und Rechtsschutz zugewendet, bzw. wird durch Verheißung oder Genuß solcher Begünstigungen überhaupt erst in das Lager eines mächtigen Patrons gezogen.«

Dies ist, wenn man das Wort »Politiker« durch »Mafioso« ersetzt, auf den ersten Blick ziemlich exakt die Bestimmung, die sich bei Hess wie auch bei Pantaleone, Dolci, Sciascia oder Blok - so unterschiedlich sie ansonsten die Phänomene beurteilen mögen - ergibt. Nando Dalla Chiesa hat allerdings zu Recht davor gewarnt, mit dieser Client-Patron-Beziehung das Problem »Mafia« heute noch als erschöpfend beschrieben anzusehen.[22] Die Ereignisse der allerletzten Jahre werfen die Frage auf, ob sich dieses Geflecht künftig noch halten läßt; wir werden auf dieses Problem zurückkommen.

Wichtig ist hier zunächst einmal die Abgrenzung von »Mafia« zu Brigantismus und Gangstertum: der Mafioso steht mitten in der Gesellschaft, er sieht sich selbst ebensowenig wie ein erheblicher Teil seiner Umgebung als Rechtsbrecher. Er verkörpert eine andere als die staatliche Ordnung (auch wenn beide Systeme oft ineinandergreifen), und es ist, zumindest bis in die siebziger Jahre unseres Jahrhunderts, sehr die Frage, welches der beiden Rechtssysteme in Sizilien im Zweifelsfall die Oberhand behalten hätte, wenn die Wahl gewesen wäre. Dennoch muß man klar sehen - was Nando Dalla Chiesa wiederum im einzelnen nachgewiesen hat[23] - daß die Identifizierung von »sicilianità«, sizilianischer Eigenart und Tradition, mit mafiosem Tun substanziell niemals stattgefunden hat, wohl aber von Mafiosi oder ihnen nahestehenden Personen offen oder verdeckt vor allem zur ideologischen Verschleierung behauptet wird. Das insulare Mißtrauen gegen die festländische Staatsautorität ist sicher gerade aus diesem Grund noch immer ein gewisser Schutz mafioser Geschäfte durch manche Teile der Bevölkerung.

Der Mafioso hat mit dem nichtmafiosen Bürger eine Reihe von Anliegen gemeinsam: er will, wie dieser, reich werden oder seinen Reichtum behalten, er hat Interesse am Privateigentum und ist gegen jede gesellschaftliche Veränderung dieser Verhältnisse; er braucht den Konkurrenzkampf der Parteien ebenso wie den der Geschäftsleute, um zwischen alledem seine Geschäfte und Manipulationen durchzuführen und seinen Profit machen zu können; ihm nützt auch die vom Normalbürger erstrebte Wohlstandsgesellschaft - aber während sie für diesen eine Art Endziel oder Selbstzweck ist, hat sie der Mafioso als Basis für Teile seiner Geschäfte nötig, etwa als Markt für den Rauschgifthandel oder als Garantie für Bau-Subventionen.

Was den Mafioso aber weithin vom Normalbürger unterscheidet, ist, daß er zum Verfolg seiner Geschäfte und zur Garantie seiner - prinzipiell auf Vertrauen und mündlich geschlossenen - Verträge nicht die »legale« Staatsgewalt in Anspruch nimmt, sondern sich seine eigene Macht und seine eigenen Durchsetzungsapparate aufbaut. Dies kann durchaus zeitweise sogar in Verbindung oder unter Ausnutzung staatlicher Zwangs- und Hilfsmittel geschehen - etwa durch die »Einsetzung« gewogener oder gewogen gemachter Politiker, Bürokraten, Richter, Polizisten. Es kann aber auch gegen deren Tätigkeit geschehen (bis hin zu ihrer Eliminierung): Der Mafioso erweist sich als weitgehend unabhängig von den bürgerlichen Gesetzen und Machtmitteln. Er betätigt sich in vielen Bereichen, in denen auch der nichtkriminelle Normalbürger seine Geschäfte abwickelt, und oft genug tritt der Mafioso in Konkurrenz zum nichtmafiosen Unternehmer. Aber der Mafioso ist prinzipiell bereit und imstande, seine Anliegen mit illegalen Mitteln voranzutreiben, indem er z. B. Konkurrenz durch Drohung, Einschüchterung, nackte Gewalt ausschaltet und so seine Aufträge sichert; oder indem er bestimmte Märkte monopolisiert, Schutzleistungen nicht nur anbietet, sondern massiv aufdrängt - notfalls eben dadurch, daß der »zu Schützende« vorher durch eben den Mafioso geschädigt und damit zum Abschluß des Schutzvertrages gedrängt wird.

Erst in den letzten Jahren - und das zählt, wie wir sehen werden, zu den eigentlich neuen und umwälzenden Entwicklungen - haben sich Mafiosi und mafiose Gruppen mehr und mehr Bereichen zugewendet, die von Anfang an illegal sind, wie etwa dem Rauschgift- und dem Waffen-Schmuggel. Was vorher - in Form etwa des Zigarettenschmuggels - nur einen relativ bescheidenen Teilbereich der Mafia-Aktivitäten ausmachte, wurde nach und nach zum dominierenden Geschäft.

Auch wenn einzelne Mafiosi sich als besonders volkstümliche und allseits angesehene Leute darzustellen vermocht haben, so war ihnen die Unterdrückung jeglicher Revolten und Auflehnungen sozial Unterprivilegierter doch grundsätzlich wichtiger als die Unterstützung Benachteiligter. Die Auflösung engagierter Bauerngenossenschaften durch Genco Russo und die Gründung eigener, unter seiner Kontrolle stehender Verbände, über die wir berichtet haben, mag ein Musterbeispiel dafür sein. Daß er selbst eine Bauernorganisation ins Leben rief und mit seinem Ansehen unterstützte, brachte ihm natürlich unter anderem auch Achtung und Verehrung ein. Tatsächlich aber bekamen die Bauern auf diese Weise am

Ende nur ein Drittel des ihnen gesetzlich zustehenden Landes - und zwar die schlechtesten Böden. Genco Russo profitierte zweifach davon: durch Dankes-Gelder der von Enteignung bedrohten Landbarone und durch die riesigen Geldmengen, über die Russo als Vorsitzender des Verbandes verfügte und von denen er sich den Hauptanteil abzwackte.

Banditen und Briganten waren prinzipiell auf der nicht-mafiosen Seite. Erstens rekrutierten sie sich meist aus dem Bauernstand, der durch die vielen als Hauptpächter (gabellotti) tätigen Mafiosi zur teuren Unterpacht gezwungen gewesen war; zweitens machten sie, als Briganten, ländliche Gegenden unsicher und brachten Bezirke der Mafiosi in schlechten Ruf. Andererseits aber brauchte der Mafioso seit eh und je gerade solche Banden, weil er seine Forderungen ja, anders als der Normalbürger, nicht auf legalem Weg durchsetzt, sondern durch seine persönlich aufgebaute außergesetzliche Macht. Es existierte daher zwar einerseits stets eine gewisse Feindschaft zwischen Briganten und Mafiosi; sie ging aber nur sehr selten bis zur gegenseitigen Ermordung, sondern verlief meist in einer gewissen Koexistenz, etwa indem die Briganten gewisse Gebiete in Ruhe ließen (Mussomeli z. B. war während der »Herrschaft« Genco Russos fast völlig frei von Gewaltverbrechen), oder gar im Auftrag mancher Mafiosi zu bestimmten Säuberungs-Arbeiten (etwa von »wild« operierenden Banden) oder zum Kampf für bestimmte - auch politische - Ziele eingesetzt wurden (wie z. B. die Bande Salvatore Giulianos, die Calogero Vizzini 1946 zur Durchführung eines separatistischen Schein-Aufstandes und

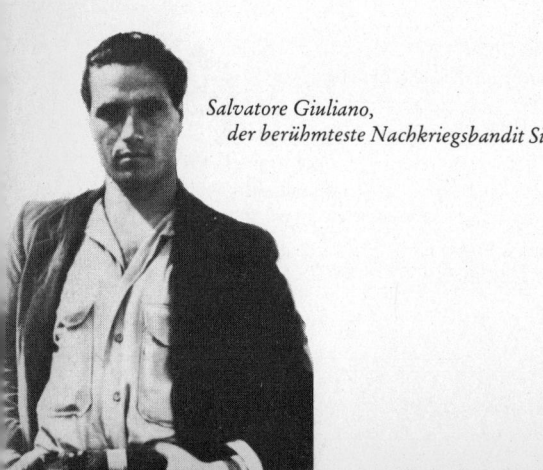

Salvatore Giuliano,
der berühmteste Nachkriegsbandit Siziliens

einige mafiose Politiker zum Niederschießen einer Bauern-
demonstration am 1. Mai 1948 benutzten).

Ähnlich verläuft die Beziehung in der Stadt: der kleine
Gauner oder die kleine »autonome« Gruppe ist für den
Stadt-Mafioso, der Schutzgelder von den Geschäftsbesitzern
erpreßt, große staatliche Bauaufträge an sich zieht oder den
Rauschgift-Großhandel organisiert, unerträglich, weil dies
den »Schutz« ebenso wie die Bau-Ausführung und das Dro-
gen-Monopol in Frage stellt. Andererseits aber braucht er
solche Leute, um seinen Forderungen Nachdruck zu verlei-
hen. Er braucht sogar ein »Überangebot« von Leuten, um die
Preise für ihre Tätigkeit niedrig zu halten und gleichzeitig
keine allzu enge Beziehung mit der einzelnen Gang eingehen
zu müssen - die Gefahr der Entdeckung der Gesamtaktivitä-
ten des Clans wäre zu groß, wenn ein Gangster-Kommando
platzt oder anderweitig ermittelt wird.

Der strukturelle Aufbau mafioser Gruppen ergibt sich aus
dem genannten Klientel-System. Die unterste Einheit, zugleich die kleinste, ist die cosca, die allenfalls einige Dutzend
Leute einschließt und sich um einen Mafioso gruppiert, der
ein kleines Dorf oder einen kleineren Stadtteil beherrscht (der
Begriff cosca wird, etwas diffus, auch für die städtischen
Gangster etwa der Camorra oder gar für Racketts gebraucht).
Mehrere cosche können, meist über ihre zentralen Figuren,
zusammenarbeiten oder in Form einer Gebiets-Abklärung in
Kontakt sein. Mehrere zusammenarbeitende cosche werden
oft als »Clan« bezeichnet, aber, wie Hess gezeigt hat, sind
hier die Beziehungen meist sehr differenziert, so daß einzelne

Gaspare Pisciotta,
Giulianos Leutnant, der ihn verriet und
im Gefängnis vergiftet wurde

cosca-Mitglieder voneinander unabhängige Außenbeziehungen haben können. Hess spricht hier lieber von einem »partito« im Rahmen größerer gesellschaftlicher Einheiten.[24] Ebenfalls diffus ist der Gebrauch von »famiglia«, mitunter synonym mit »cosca«, aber auch »cosca«-Verbänden.

Ob es jemals zu einer wirklichen Ober-Leitung mehrerer oder vieler Familien oder zur Beherrschung einer ganzen Großstadt wie Palermo durch ein für alle Gruppen anordnungsbefugtes Oberhaupt gekommen ist, bleibt bis heute fraglich. Selbst Personen wie Don Calogero Vizzini, der allseits als »capo dei capi« tituliert wird, sah streng darauf, daß die anderen Familien-Oberhäupter autonom blieben. Auch bei seinen wichtigsten Aktionen - etwa der Vorbereitung der amerikanischen Invasion 1943 oder der Inszenierung eines Separatisten-Schein-Aufstandes 1946 - sah er streng darauf, daß die Regional-Häuptlinge die Sache in ihren Bezirken ganz nach ihrem Geschmack inszenierten - er gab lediglich seine persönliche Unterstützung bekannt.

Fast in jedem Jahr ist es in West-Süd- und Zentralsizilien zu massiven Auseinandersetzungen zwischen einzelnen Familien oder Clans gekommen - ein deutliches Zeichen dafür, daß es weder jemals eine einheitliche »Organisation« mit straffer zentraler Leitung gab, noch ein für alle Gruppierungen entscheidungsbefähigtes Oberhaupt.[25]

Anders wiederum liegen die Dinge bei der neapolitanischen Camorra.

Auch hier gibt es natürlich zunächst einmal den ethymologischen Streit. Alongi, 1890, leitet den Namen von arabisch »Kumar« her - dem Würfelspiel, das schon dem Propheten Mohammed mißfallen hatte, oder von »Gamara«, dem Ort dieses Spiels; Ursprung im 14. Jahrhundert. Belege für eine solche Tradition gibt es allerdings nicht. Raffaele Ciasca, in der »Enciclopedia italiana« (1934), zitiert die »Camurra« im sardinischen Cagliari des 13. Jahrhunderts als eine Schutztruppe pisanischer Kaufleute; aber er kennt auch eine andere Linie, die darin ein grobes Gewand analog zu der spanischen »chamarra« sieht; es könnte aber auch sein, so Ciasca, daß es eine Verballhornung eines spanischen Wortes ist und »Streit«, »Schlägerei« ausdrückt.[26]

Aber vielleicht ist das Wort auch Original-Neapolitanisch;

es könnte eine Zusammensetzung mit »mórra« oder noch genauer »mmórra« sein, was etwa »Bande« oder »Schwarm« bedeutet.

Das Wort wird im vorigen Jahrhundert, zumindest in der Juristensprache, seit 1865 meist synonym mit »Mafia« verwendet. Und um die Verwirrung vollständig zu machen, lag das Gefängnis Vicaria, das in der palermitanischen Volkskomödie von 1862 »I mafiusi di Vicaria« vorkommt und für die Aufnahme des Begriffs »mafioso« ins Juristenitalienisch gesorgt hat, in Neapel.[27]

Die Mitglieder der Camorra schätzen sich selbst, ganz wie die Mafiosi, als »onorata società« (im neapolitanischen Dialekt: »annurate suggità«) ein, und auch sie kennen traditionell den Begriff der »omertà«, der uns ebenfalls bei der Mafia begegnet.

Ansonsten aber unterscheiden sich beide Formen der organisierten Kriminalität bislang doch erheblich (wenn auch mittlerweile, wie noch zu zeigen, eine Annäherung stattfindet).

Ciasca, der die Artikel »mafia« und »camorra« in der italienischen Enciclopedia 1934 schrieb, stellt fest, daß die Camorra ein Stadt-Gangstertum ist, das sich im Gegensatz zur Mafia hierarchisch, bürokratisch, mit festen Statuten ausgerüstet präsentiert. Möglicherweise rührt dies daher, daß die Organisation unter den Bourbonen im vorigen Jahrhundert mitunter ganz legal zu polizeiähnlichen Aufgaben herangezogen wurde: So stellte sie in der Regel die Aufseher in den Gefängnissen. Darüber hinaus aber wurden camorristische Personen oder Gruppen auch als Aufpasser über Märkte, Bordelle und Spielhöllen verwendet sowie als Vertrauensleute in allen anderen Sektoren, wo sich Kriminalität abspielte. Während der bourbonischen Reaktion, in der ersten Hälfte des 19. Jahrhunderts, mischte sich auch hier »malavita«, das Verbrechen, mit der Politik: einige Camorra-Chefs machten sich zu Fürsprechern der nationalen Einigung und standen den Liberalen nahe, gerieten also in Opposition zur Herrschaft der Bourbonen. Als die Garibaldianer die Bourbonen gestürzt hatten, wurde dann auch die Camorra zeitweise (vor allem durch den Polizeipräfekten Liberio Romano) zur Staatspolizei im neapolitanischen Gebiet. Erst nach den revolutionären Wirren nahm sich der neue gesamt-italienische Polizei-Chef Silvio Spaventa der Sache an, ließ Camorra-Mitglieder gleich zu Hunderten einsperren, löste ihre Polizeifunktionen auf und ersetzte sie durch die Nationalgarde.

Aber da zeigte sich schnell, wie unabhängig die Camorra von der Einzelperson ist: es nützte gar nichts, die Männer einzusperren, denn, so Ciasca, »sofort traten deren Frauen an ihre Stelle«, und sie sorgten mitunter durch Überfälle sogar dafür, daß viele der Inhaftierten ausbrechen konnten.

Pupetta Maresca ist also nicht ohne Vorbilder.

1882, nach einer Reihe von schweren Anschlägen auch gegen öffentliche Einrichtungen, wurde der Kampf staatlicherseits noch einmal verstärkt, und Ciasca schreibt, 1934, am Ende seines Artikels über die Camorra: »Sie ist nur noch eine Erinnerung an Vergangenes. Geblieben ist der Name, als Bezeichnung für Mißbrauch oder Gewalttätigkeit«.

»Meyers Taschenlexikon Geschichte«, Ausgabe 1982, weiß zu berichten, daß die »Camorra ihren Einfluß erst 1911 verlor, als ihre Führer hingerichtet wurden«.

Tatsächlich stimmt weder das Datum Ciascas noch das »Meyers'«: die Camorra existiert, siehe die Beispiele Cutolo und Maresca, heute kräftiger denn je, und sie ist auch keineswegs in Gefahr, in absehbarer Zeit unterzugehen.

Zu den wichtigsten Unterschieden zwischen Mafia und Camorra gehört, daß die Camorra auf dem Lande niemals eine Rolle gespielt hat. Sie ist eine typisch (groß-) städtische oder stadtnahe Erscheinung und insofern zunächst einmal mit dem Stadtgangstertum anderer Großstädte vergleichbar. Anders aber als bei den Gangs in Frankfurt, Hamburg, London oder Paris spielen bei der neapolitanischen Camorra verwandtschaftliche oder quasi-verwandtschaftliche Beziehungen (z. B. durch Liaisons wie bei Pupetta Maresca, aber auch durch enge »Aufnahme« in eine Gang) eine erhebliche Rolle - wenn auch nicht so dominant wie in den mafiosen Gruppen Siziliens. Der Einfluß der großen Camorra-Gruppen (u. a. der »Nuova famiglia« und der »Nuova camorra organizzata«) konzentriert sich derzeit auf das Gebiet zwischen Caserta, Salerno, Battipaglia und Avellino (dort vor allem, seit nach dem Erdbeben 1980 riesige Geldmengen in die zerstörten Gebiete flossen). Zentren sind, neben der Metropole Neapel, vor allem die Communi Vesuviani, Portici und Torre del Greco, Salerno, Sant'Antimo, Giugliano, Caserta und Benevent.

Die Beziehung zur Politik ist bei Camorra und Mafia traditionell unterschiedlich - erst in den letzten Monaten scheint hier eine andere Verflechtung und Auseinandersetzung üblich zu werden. Zwar gilt auch heute noch, daß Camorra-Bosse bisher niemals hohe politische Posten besetzt haben (die Liaison einiger Camorristen mit den Liberalen um 1850 war eine lediglich kurze Episode); in der letzten Zeit sind jedoch einige mindestens mittlere Beamte und Funktionäre in den Verdacht der Begünstigung oder des Gewährenlassens camorristischer Aktivitäten geraten: am 9. November 1982 wurde zum Beispiel ein Riesenbetrugsgeschäft um fingierte Aufträge zur Abzweigung staatlicher Gelder aufgedeckt, das einer Mafia-cosca alle Ehre gemacht hätte, darin verwickelt waren Angestellte der Gemeinde Torre Anunziata sowie eine Reihe von Gewerkschaftern. Der frühere Bürgermeister und Regional-Referent von Ottaviano, Salvatore La Marca (PSDI), wurde eines Camorra-Geschäftes bezichtigt, und zum Entsetzen der sportbegeisterten Italiener wurde der Präsident des renommierten Fußballclubs von Avellino, Antonio Sibilia, im November 1982 unter Polizeiaufsicht gestellt.

Der Kampf camorristischer »Familien« richtet sich seit jeher prinzipiell vorrangig gegen konkurrierende Gruppen und nur selten gegen Staats-Repräsentanten. Inzwischen sind aber auch die Fahnder, die den Geschäften der Organisierten auf die Spur gekommen sind, gefährdet - am 15. Juli 1982 wurde der Chef des Überfallkommandos in Neapel, Antonio Ammaturo, erschossen. Er hatte kurz zuvor die Villa Raffaele Cutolos stürmen lassen und ein Gipfeltreffen der »Nuova camorra organizzata« durch die Verhaftung von Verwandten und Mitläufern unsanft beendet. Da er auch die mysteriöse Verbindung DC-Cutolo-Rote-Brigaden-Geheimdienst im Entführungsfall Ciro Cirillo aufgespürt hatte, vermuten die Ermittler seither auch eine Zusammenarbeit zwischen Camorra und Brigaden, wofür einige Details sprechen.

Rein camorristische Hintergründe hat dagegen der Mordversuch am Staatsanwalt von Avellino, Antonio Gagliardi, der die Bau-Schwindelunternehmen im Erdbebengebiet verfolgte und eine Reihe von Drohanrufen bekommen hatte. Das Attentat auf den Bürgermeister der Kleinstadt San Gennaro Vesuviano, Francesco Giuliano (PSI), wiederum galt offenbar als »Warnung« für die gerade mit der PCI zustandegekommene Koalition mit deutlich anti-camorristischer Tendenz.

Solche Vorgänge können - sie müssen aber nicht - der Anfang eines expandierenden Kampfes gegen den Staat sein.

Starker Einfluß camorristischer Gruppen macht sich allerdings in den Gefängnissen bemerkbar, wo - wie im Oktober 1982 im neapolitanischen Poggioreale - ganze Waffenarsenale für die rivalisierenden Gruppen vorhanden waren.

Während die Mafia ihre Macht durch die aus den Dörfern in die Städte übertragenen Formen der Klientel konsolidierte, sorgten bei der Camorra die Großstadtverhältnisse für eine durchgehend uniforme Organisation - die nackte Gewalt und das brutale Ausschießen einer funktionablen Hack-Ordnung. Vermittler-Funktionen oder Friedensstiftung wie beim dörflichen Mafioso sind dem Camorra-Boß völlig fremd - es sei denn, er zwingt aufmüpfige Gefolgsleute durch seine Gorillas in die Reihe. Wenn es Probleme gibt, wird eben geschossen - 1982 brachten es die Camorra-Gangs auf fast so viele Tote (ca. 300) und Verschwundene (ca. 150) wie die Mafia in ganz Sizilien; selbst kleine Kinder werden in Neapel nicht geschont - am 7. Januar 1983 z. B. wurde in Ottaviani bei Neapel ein sechsjähriger Junge erschossen: als »Warnung« für seinen Vater, der sich geweigert hatte, eine Ladung Rauschgift für die Camorra-Gang zu transportieren.

Infolge der straffen städtischen Organisation ist der Camorra-Boß jederzeit auswechselbar: fast jede Woche berichten die Zeitungen von der Festnahme oder der Ermordung eines »Bosses« aus den großen Camorra-Familien - ohne daß deren Schlagkraft nur im geringsten abnimmt. In Sizilien verfielen dagegen zahlreiche cosche und berühmte Clans, wenn der capo starb, für längere Zeit eingesperrt oder aus anderen Gründen gehindert war, seine Firma zu führen. Die cosche des einst führenden Tommaso Buscetta (»Don Masino«) gerieten z. B. in Schwierigkeiten, als sich der Familien-Patriarch vor der staatlichen Verfolgung nach Südamerika absetzte: enge Vertraute, wie der Ingenieur Ignazio Lo Presti (sein direkter Kontaktmann in Palermo, seit »Don Masino« im Exil sitzt) verschwanden ebenso plötzlich wie seine beiden Söhne im August und September 1982 - sei es, weil sie von gegnerischen cosche erwischt und erschossen wurden, sei es, weil sie eben diesem Schicksal entgehen wollten und vielleicht zum Oberhaupt ins Ausland geflohen sind; am 2. Weihnachtsfeiertag 1982 wurde in einer der Pizzerien Buscettas in Palermo der Geschäftsführer samt zwei Angestellten ermordet, vier Tage später (am Namensfest Buscettas, San Tommaso - die Mafiosi haben immer noch Sinn für Feinheiten) wurde der Bruder des capo samt Sohn im eigenen Geschäft erschossen. Die Polizei sieht in all dem, wohl zu Recht, den »dringenden Rat« gegnerischer Clans an »Don Masino«, von eventuellen Rückkehrplänen nach Sizilien Abstand zu nehmen, vor allem seit das Gerücht umgeht, der Mafioso habe sich ein neues Gesicht, verkürzte Stimmbänder und gar neue Fingerabdrücke (so »L'Espresso« zwei Wochen nach Weihnachten) verpassen lassen und sei nun als »Rächer« für die Morde an seinen Freunden Inzerillo und Bontade unterwegs. Die Gefährlichkeit des Clans wird immer mit der Präsenz seines capo in unmittelbare Verbindung gebracht.

Dennoch hat sich in der letzten Zeit auch in Sizilien eine Wandlung eingestellt, und seit einige der traditionsreichen Familien wie die Inzerillo, die Bontade und die Di Peri ebenso wie eine Seitenlinie der Greco fast ausgerottet sind, suchen sich die restlichen »siegreichen« Clans offenbar so zu organisieren, daß die »Firma« jeweils erhalten bleibt, auch wenn bedeutende Personen einer cosca oder eines Clans nicht mehr einsatzfähig sind.

Hinsichtlich der Internationalisierung ihrer Geschäfte wie auch der Ausweitung ihrer Arbeitsfelder sind die Camorra-Organisationen aber offenbar heute noch hinter den sizilianischen Verhältnissen zurück. Obwohl sich mittlerweile auch in der Gegend um Neapel nahezu alle »neuen« Märkte, wie das Rauschgift- und Waffengeschäft, nachweisen lassen. Eine enge Zusammenarbeit hat sich in der letzten Zeit vor allem zwischen der »Nuova famiglia« (über den Clan Zaza, dessen Boß Michele am 12. 11. 1982 in Rom festgenommen wurde) und den Corleonesiern (vorwiegend des Salvatore Riina, capo von Alcamo) erwiesen.

Eine wichtige Mittlerrolle spielt dabei die calabresische »'ndrangheta«.[28] Auch hier liegen die Anfänge, wie üblich, im Dunkeln. Lediglich der Name läßt sich etwas besser erklären: griechisch »andragatîa« - Unteritalien war bekanntlich neben Sizilien in vorchristlicher Zeit von den Griechen »kolonisiert« gewesen - hängt mit »andreîos«, tapfer, männlich, zusammen. Also der gleiche Ursprung wie bei der »omertà«. Mitglieder der »'ndrangheta« werden für besonders männlich, tapfer, tüchtig gehalten. Übrigens hat sich das Wort wohl erst in den letzten Jahren zu seiner heutigen Gestalt verformt; Arbeiten, die diese Organisation nennen, schrieben sie noch in den sechziger Jahren als »'ndraghita« (Hess) oder »indranghita« (Hobsbawm).

Im Calabresischen gibt es auch ähnliche Dialektworte - etwa »'ndrino«, was »rechtschaffener Mensch« bedeutet, manchmal wird die Organisation auch »'ndrina« genannt.[29] Eine weitere Bezeichnung ist »fibbia«, was auf eine besondere Anstecknadel als Erkennungszeichen hindeuten könnte.

Tatsächlich wird der Ursprung der »onorata società calabrese« von den meisten Forschern in Zusammenhang gebracht mit einem Geheimbund, den Carbonari, der in den ersten beiden Dritteln des 19. Jahrhunderts große Aktivitäten entfaltete. Sein Ziel war die Einigung Italiens und, in Unteritalien, die Vertreibung der Bourbonen. Prominentestes Mitglied war in den vierziger Jahren des 19. Jahrhunderts Louis Napoleon, der spätere Kaiser Napoleon III., der dann aber nichts für die Einigung Italiens und auch nichts für die von den Carbonari angestrebte Errichtung einer Republik tat. Der Fürst Felice Orsini, ebenfalls Carbonaro, verübte deshalb 1858 ein Rache-Attentat auf den Kaiser, das jedoch scheiterte, und wurde selbst hingerichtet.[30]

Mit diesen Carbonari wird die »'ndrangheta« also in Verbindung gebracht, und da die patriotisch-republikanischen Geheimbündler ausgeprägte Aufnahme- und Erkennungsrituale hatten, werden meist auch der »'ndrangheta« solche Zeremonien und konspirative Formeln zugeschrieben. Henner Hess hat mit Recht davor gewarnt, hier allzuleicht einer Romantisierung zu verfallen - denn auch für die Mafia und die Camorra werden solche Rituale berichtet, die sich aber nur in wenigen Fällen wirklich konkretisieren ließen.

Es gibt allerdings einen wichtigen Einwand gegen die These von einer engen Verbindung zwischen Carbonari und »'ndrangheta« - daß nämlich die Carbonari in aller Regel dem städtischen Bürgertum entstammten, die Mitglieder der »onorata società calabrese« dagegen meist aus dem Bauernstand kamen. Der »L'Unità«-Redakteur R. Longone sah in der »'ndrangheta« »eine primitive, gleichsam vorpolitische Assoziation von Bauern, Hirten, kleinen Handwerkern und ungelernten Arbeitern. Sie haben sich in der rückständigen und abgelegenen Welt calabrischer Dörfer und besonders in den Bergen der Gegend bemüht, eine für die Armen sonst unerreichbare Anerkennung, Achtung und Würde zu bekommen«.[31]

Anders also als die sizilianische Mafia, die von vornherein ein Instrument zur Unterdrückung gerade der »klassischen« »'ndrangheta«-Mitglieder war, speiste sich das Reservoir hier aus den unteren Schichten und den nicht-bürgerlichen Bauern und Landarbeitern. Der in Unteritalien schon seit Jahrhunderten weitverbreitete Brigantismus spielte eine große Rolle, und, wiederum anders als in Sizilien, gehen »'ndrangheta« und Brigantismus lange Zeit eng zusammen, bis weit in unser Jahrhundert hinein. Hierin ist die »'ndrangheta« zunächst einmal der Camorra ähnlicher, die sich ja auch aus den »nicht-ehrenwerten«-Schichten rekrutiert. Anders aber als die Camorra, die es lange Zeit kaum zu etwas anderem gebracht hat als zu einer gut organisierten Stadt-Kriminalität, war die »'ndrangheta« offenbar politischen und sozialrevolutionären Ideen gegenüber prinzipiell aufgeschlossener - und zwar in einer Weise, die viel weitere Horizonte eröffnete als beispielsweise das zeitlich und örtlich relativ eng begrenzte Engagement sizilianischer Mafiosi für eine Unabhängigkeit von Italien nach dem 2. Weltkrieg. »'ndrangheta«-Leute verbündeten sich - für die Mafia undenkbar und für die Camorra allenfalls als kurzzeitiges »Geschäft« möglich - sogar mit Linksgruppen und hatten absolut nichts gegen Kommunisten. Dort, wo sich eine ausgeprägte Gewerkschaftsbewegung oder eine intensive linke Gruppierung etablieren konnte, ging der Einfluß der »'ndrangheta« überall merklich zurück; das eine konnte also das andere ersetzen, und ein

Wechsel in der Mitgliedschaft vom einen zum anderen - von der »'ndrangheta« zur Kommunistischen Partei und umgekehrt - war durchaus möglich.[32]

Es ist wahrscheinlich, daß sich die »'ndrangheta« etwa zur gleichen Zeit wie die Carbonari gebildet hat und zeitweise ähnliche Ziele - wie die Befreiung von der Feudalherrschaft, an der ja auch den Bauern und Hirten gelegen sein mußte - verfolgte, ansonsten aber ihre eigenen Wege ging, die bald im Widerspruch zu denen der vom Norden und damit der Industrialisierung geprägten städtisch orientierten Carbonari lagen.

Calabrien und weite Teile Unteritaliens überhaupt waren bis vor wenigen Jahrzehnten weder industrialisiert, noch gab es viele Großstädte. Entsprechend spielte sich auch die kriminelle Tätigkeit der »'ndrangheta« lange Zeit auf dem Agrarsektor und im politischen Bereich ab - als Schutzgelderpressung für Plantagen, als Beherrschung der grünen Märkte, als Einschüchterungsinstrument für mißliebige Politiker, als Wählerstimmenbeschaffung. Spektakuläre Morde und opferreiche Rachefeldzüge gab es kaum. Noch in den letzten Jahren konnten sich die Familien der calabresischen »onorata società« immer wieder auf langanhaltende Clan-Friedenspakte einigen, so daß eventuelle Mord-Opfer vor allem zu Lasten unabhängig operierender »autonomer« Einzelpersonen oder Gangstergruppen gingen, die sich in abgesteckte Bezirke einzelner Familien vorgewagt hatten.

Erst seit in der Nachkriegszeit im Zuge der Sanierung des Südens große Geldmengen auch nach Calabrien flossen und die Städte - vor allem Reggio Calabria und Cosenza - sich stark vergrößerten, kam zu den »traditionellen« Geschäften die Sicherung staatlicher Bauaufträge hinzu.

Damit begann der Transformationsprozeß; wie wir noch sehen werden, kommt dieser »dritten« Organisationsform einer »onorata società« heute eine der wichtigsten Rollen in der internationalen Expansion der Kriminalität zu. Es ist sicher nicht falsch, wenn die hervorragendsten »'ndrangheta«-Erforscher wie etwa Pino Arlacchi heute vorschlagen, künftig nicht mehr von der »'ndrangheta« zu sprechen, sondern von der »mafia calabrese«.

Ende des Jahres 1798 überschritten französische Truppen die Grenze zwischen dem Kirchenstaat und dem Königreich Neapel; innerhalb eines Monats wurde die Hauptstadt erobert, die »Repubblica partenopea« ausgerufen.[33]

Der bourbonische König Ferdinand IV., gleichzeitig Herrscher über Sizilien, war rechtzeitig nach Palermo geflohen, nachdem er noch einige öffentliche Aufrufe an »seine getreuen, tapferen und geliebten Völker« gerichtet hatte. Offenbar traute er seinen Söldnern nicht (die in der Tat bald kapitulierten) - jedenfalls rief er das *Volk* zum Widerstand gegen die Franzosen auf, und nicht sein Heer. »Bewaffnet euch und stellt dem Feind, wenn er so frech sein sollte, die Grenzen zu überschreiten, den wirksamsten und mutigsten Widerstand entgegen. Bewaffnet euch und marschiert gegen ihn.«[34]

Und dann kam ein besonders wichtiges Reizwort - »Samniten«: »Denkt daran, meine lieben Leute aus den Abruzzen, daß ihr Samniten seid, und daß ihr immerfort Beweise für euren Wert und eure Treue gegeben habt! . . . Mut, tapfere Samniten; Mut, meine lieben Bürger . . .«[35]

Die Samniten waren ein antikes Volk, das von den Römern in mehreren Kriegen besiegt und, nach der Aussage der Historiker, spätestens im Jahre 80 vor unserer Zeitrechnung durch Sulla radikal ausgerottet worden war.

Welche Wirkung das Wort »Samniten« aber noch hatte, zeigte sich sofort: Das Volk Unteritaliens bewaffnete sich, und während der König sich samt seiner österreichischen Gemahlin Maria Karoline in Palermo in Sicherheit brachte, stellten unzählige Gruppen ehemaliger Wegelagerer und Briganten den Franzosen massiven Widerstand entgegen - Leute, die Tag für Tag gegen die bourbonischen Soldaten und Polizisten gekämpft hatten. Der Kardinal Ruffo rollte mit Hilfe dieses aus »lazzaroni, malfattori, briganti« zusammengesetzten Volksheeres innerhalb von drei Monaten die regulären französischen Streitkräfte vom Süden her auf. Die früheren Herrscher rückten wieder ein, es gab ein Blutbad unter den (allerdings nicht so zahlreichen) republikanisch Gesinnten.[36]

1806 wiederholte sich derselbe Vorgang bei der zweiten französischen Invasion.[37]

Die von Ferdinand IV. gebrauchte Bezeichnung »Samniten« stand für den Widerstand gegen jede Art von - neuer - Fremdherrschaft, die man zu verhindern suchte, auch wenn man selbst schon einer solchen unterworfen war.

Fremdherrschaft hatten Süditalien und Sizilien in ihrer Geschichte fast ständig erlebt. Im 8.-6. Jahrhundert v.u.Z. drangen Griechen und Phönizier, dann Punier und Römer ein, in nachrömischer Zeit kamen Byzantiner und Vandalen, Ostgoten, Sarazenen, Araber. Im 11. Jahrhundert folgten Normannen, dann die Hohenstaufer, die Anjou, Aragonesen und Spanier; im frühen 17. Jhdt. griffen die Habsburger einmal ein, danach bemächtigten sich die Bourbonen der Gebiete.

Seit 1860, seit Garibaldis »Zug der Tausend« von Sizilien über Süditalien nach Norden, gehören beide Teile zu Gesamt-Italien, zuerst im savoyischen Königreich (bis 1946), seither zur Republik.[38]

Was die Unteritaliener und die Sizilianer während all dieser jeweils neuen Herrschaften erfuhren, läßt sich mit einer recht einfachen Formel darlegen: es kam niemals etwas Besseres nach, es wurde immer schlechter.

Unteritaliener wie Sizilianer blickten daher allen »Befreiern« mit sehr gemischten Gefühlen entgegen, und etwaige Hoffnungen wurden auch stets enttäuscht, bis auf die der wenigen, die unmittelbar profitierten von neuer Herrschaft. Bauern und Arbeiter hatten nie etwas von den Befreiungen - auch nicht nach der Reichseinigung von 1860, wo sie (vor allem in Sizilien) ihren Kopf hingehalten hatten, weil sie endlich eine Absetzung der parasitären Adeligen zugunsten einer bauern*freundlichen* Regierung erhofft hatten. Aber kaum war Garibaldi nach Norden entschwunden, das savoyische Königshaus als Gesamtherrschaft installiert, war alles wieder beim alten, Garibaldi entmachtet, die nördlichen Herren (vor allem der Industrie und dem Großhandel hörig) ließen ihre Truppen und Polizisten in den Süden einrücken wie eine koloniale Okkupationsarmee. Süditalien und Sizilien brannte lichterloh durch die nun entstehenden Briganten-Banden, und zigtausende von Soldaten waren nötig, diesen spontanen Widerstand zu brechen.[39]

Genau in diesem Machtvakuum konnte sich dann aber die »malavita« in der Art der Mafia, der Camorra, der »'ndrangheta« installieren.

Denn wenn auch weder die Mafiosi noch die Angehörigen der Camorra - bei der »'ndrangheta« mögen die Dinge bis vor einigen Jahrzehnten etwas anders gelegen haben - jemals etwas für die Unterprivilegierten getan haben, weder für die Bauern noch für die Arbeiter, so haben sich doch an verschiedenen Stellen die Interessen der organisierten »Ehrenwerten« und der unteren Klassen und Schichten hinreichend überschnitten, um so etwas wie eine punktuelle Solidarität zustandekommen zu lassen - eine Solidarität allerdings, die lediglich im »gegen«, in der Negation bestand.

Wenn den Bauern und Arbeitern seit urdenklichen Zeiten die ohne Verwurzelung im Volk und ohne Verständnis für die Probleme der Bevölkerung beschließenden Staats-Spitzen durchweg als Bedrohung ihres Lebensraums, ihrer Arbeit, ihrer Kultur erscheinen mußten, so war ihnen andererseits eine schwache Regierung lieber als eine starke: so konnten Freiräume erkämpft oder aufrechterhalten werden, die die Zerstörung der bisherigen Lebensbasis verhindern mochten.

An einer schwachen Regierung war aber auch jeder Mafioso interessiert: ob er sich als charismatisches Dorf-Oberhaupt neben dem staatlich anerkannten Bürgermeister profilierte oder ob er durch dauernde Balance-Akte an der Grenze der Illegalität seine Geschäfte betrieb, ob er als »gabellotto« die traditionelle Tätigkeit des Latifundien-Verwalters und Weiterverpächters wahrnahm oder mit dem Vordringen städtischer Arbeiten Bauaufträge an Land zog, in das Prostitutions-, Rauschgift- oder Waffengeschäft einstieg: diese Karrieren waren nur dann erfolgreich, wenn nicht eine starke Staatsmacht ihre Vorstellung von Ordnung, ihr Gewalt- und Schlichtungsmonopol (in juristischen Fragen) durchsetzte.

Ebenso ist eine ausgebreitete Camorra-Tätigkeit nur denkbar, wenn der Staat bestimmte soziale Nischen und gewisse Handels- und Geschäftsbereiche nicht effektiv kontrollieren kann oder mag. Die Ausnahme - Camorra hier im Gegensatz zur Mafia - war die historische Verbindung der neapolitanischen Stadtgangster mit der bourbonischen Regierung im zweiten Drittel des 19. Jahrhunderts, als sie Polizeiaufgaben bekamen, und die ersten Jahre nach der Reichseinigung. Aber auch diese Symbiose war nur deshalb zustandegekommen, weil der Staat selbst sich nicht durchsetzen konnte.

Wenn wir sagen, daß Mafia und Camorra wie »'ndrangheta« an einem schwachen Staat interessiert waren, so heißt dies nicht, daß der italienische Staat sich seit dem vorigen Jahrhundert stets schwach gezeigt hat (manches Mißverständnis in der Literatur rührt aus dieser Verwechslung). Im Gegenteil: wir wissen von brutalsten Vorgehensweisen staatlicher Organe, sei es gegen den Brigantismus, der der »'ndrangheta« nahe stand, sei es gegen die Camorra oder gegen Mafiosi.[40]

Hartes Vorgehen aber stärkte, mitunter nachträglich, die Zusammenarbeit zwischen den Unterschichten und Bauern einerseits und mafiosen oder camorristischen Gruppen andererseits - machten doch die staatlichen Organe bei ihren Maßnahmen (ob sie vorbeugend oder vergeltend waren) kaum jemals Unterschiede zwischen Angehörigen »dieser« oder »jener« Seite (die Adeligen und die Bourgeoisie ausgenommen): wenn im vorigen Jahrhundert in einem Dorf ein ländlicher Brigant vermutet wurde, brannte man oft alles nieder, und wenn der faschistische Präfekt Mori sizilianische Mafiosi dingfest machen wollte, sperrte er einfach deren Frauen und Mütter ein, nebst allerhand Nachbarn und vermuteten Freunden.

Dies forderte die »Schutzfunktion« der Mafiosi heraus. Da sie in der Regel zumindest im Groben den gesamten illegalen Bereich ihres Reviers kontrollierten, war jeder Bürgermeister und oft auch der Polizist am Ort zu einer gewissen Zusammenarbeit mit ihnen genötigt - die Staatsmacht reichte meist nicht aus (oder war, wenn stark, korrupt), um Illegales auf das notwendige Minimum zu beschränken. Damit aber wurde auch der normale Einwohner seiner wenigstens theoretisch vorhandenen Stütze bei Rechts- und anderen Händeln beraubt: er konnte seine Sache nicht alleine durch Berufung auf Gesetz und Staatsorgane durchbringen, sondern war auf die Mithilfe des charismatischen Oberhauptes im Sozialgefüge angewiesen. Der Mafioso trat daher oft als Vermittler in

Streitigkeiten, als Makler bei der Wiederbeschaffung von Gestohlenem oder bei versuchter Erpressung usw. auf.

Und verdiente seinen Teil daran.

Da die Staatsorgane häufig nicht ausreichend funktionierten oder von starken Mafiosi bewußt geschwächt wurden, bekam der Mafioso notwendigerweise eine sozial regulierende Funktion, die sich zum Teil in volksnaher »Gerechtigkeit« ausdrückte.[41]

Soweit also der wahre Kern der Legende. Falsch aber ist es ganz offenbar - nach allen Forschungsergebnissen - zu glauben, daß »die Mafia« oder »die Camorra « als solche eine Institution zur Regulierung sozialer Disfunktionen gewesen seien oder noch sind. Peter Kammerer hat zu Recht wiederholt darauf hingewiesen, daß der Bauer und der Arbeiter, der sich »sein Recht« holen wollte, eher zum Briganten oder Gangster wurde und wird, als daß er einen Mafioso einschaltet.[42]

Stärkere Verbindung zum Mafioso haben die Reichen und Politiker. Reich waren im vorigen Jahrhundert zunächst die Landbarone. Ihnen hatte man jedoch Anfang des Jahrhunderts durch Gesetz ihren mächtigsten Rechtsstatus, nämlich die Herrschaft über Leibeigene, weggenommen. Es sieht so aus, als seien die wichtigsten Wurzeln für eine starke Mafia gerade in diesem Zusammenhang gelegt worden: die plötzlich um ihre Latifundien bangenden Barone setzten nichtadelige, oft brutale und rücksichtslose Pächter (»gabellotti«, was ursprünglich Steuereintreiber bedeutet, aber dann vor allem auf den Bodenzins bezogen wurde) auf ihren Ländereien ein, erlaubten diesen die Weiterverpachtung an Bauern und ließen sich dafür Geld oder Naturalien liefern.[43]

Das Verhältnis kehrte sich bald um: Leute, die gerne gabellotti werden wollten, bedrängten die Feudalherren, und wenn diese nicht wollten, schädigten sie diese durch Brandstiftung oder Plantagenverheerung so sehr, daß sie bald nachgaben und den Pächter als »Schützer« einsetzten.

Der Pachtzins des gabellotto wurde immer öfter von diesem bestimmt - die Barone wurden gerade durch diejenige Gruppe entmachtet, von der sie sich Schutz erhofft hatten.

Je skrupelloser einzelne Männer waren, umso schneller wurden sie auf besonders großen Ländereien gabellotti, ihre

Macht und die um sie gescharten »Schutztruppen« sowie das Recht, Arbeit und Land zu vergeben, stärkten ihr Ansehen in der Gemeinde und ließen sie zu ernstgenommenen Partnern der Staatsorgane werden, was wiederum ihr Prestige stärkte.

Dies System wurde zunächst erhalten, als die Städte größer wurden, sich Anfänge der Industrie zeigten - auch in einzelnen Stadtvierteln bildeten sich mafiose Bezirke heraus, etwa im Zusammenhang mit den Großmärkten, auf denen die Erzeugnisse der Plantagen verkauft wurden; später kamen andere wichtige und einträgliche Bereiche städtischen Lebens dazu, z. B. das Bauwesen, der Güterverkehr usw. - womit wir den Veränderungen der Nachkriegszeit nahekommen, die im nächsten Kapitel besprochen werden.

Die nach der Vertreibung der Bourbonen als Basis für die Machtausübung staatlicher Stellen vorgeschriebenen Wahlen ließen den örtlichen Mafioso zu einer Schlüsselfigur für alle lokalen und regionalen Politiker werden. Er gab nicht nur seiner persönlichen Klientel Wahlempfehlungen, er übte oft auch auf andere massiven Druck aus oder verübte Wahlbetrug. Dafür gibt es genügend gesicherte Belege.[44]

Die Camorra verdankte ihre Stärke denselben gesellschaftlichen Gründen wie die Mafia; aber sie besetzte eine ganz andere »Nische« und wandte völlig andere Methoden an. Sie ist originär städtisch, selbst wenn mancher Gangster aus dem Umland zugezogen ist und einige Briganten ins städtische

Mafia-Pfründe Wasserleitung: Die Quellen und Äquadukte sind in Privatbesitz. Nur wer bezahlt, bekommt Wasser für seine Felder. Die Quelleneigner werden wiederum durch andere Racketts erpreßt.

Milieu eingedrungen sind. Auch die Camorra suchte die Pflicht zur Verschwiegenheit gegenüber Staatsorganen durchzusetzen; aber anders als die Mafia, die hier zunächst einmal Überzeugungsarbeit zu leisten versuchte und erst im letzten Moment schoß (was sich derzeit allerdings offenbar ändert), wurde die »omertà« in Neapel stets mit viel offener Gewalt aufrechterhalten. Die Camorra eroberte sich nicht wie die eher bedächtige Mafia langsam ihre »Arbeitsgebiete«, sondern stieg seit eh und je sofort überall da ein, wo Geld winkte. Sie war ja schon unter den Bourbonen - als »Aufpasser« - mit den großen Märkten, den Spielhöllen, den Gefängnissen und der Prostitution befaßt.[45]

Als der amerikanische Gangster Lucky Luciano - von den US-Behörden zum Dank für seine Dienste aus dem Gefängnis entlassen und nach Italien »ausgewiesen« - in Sizilien große Zuhälterringe organisieren wollte, waren die sizilianischen Mafiosi entsetzt. In Amerika war das für die »Cosa Nostra« etwas völlig Normales, aber die Sizilianer dachten vor allem an ihre unberührten und für die Ehe bestimmten Töchter. Den Nestor der sizilianischen Mafiosi, Don Calogero Vizzini, suchte Lucky Luciano am Ende dadurch zu überzeugen, daß er versprach, die Prostituierten seiner Bordelle würden samt und sonders Ausländerinnen sein.[46]

Der wichtigste und schon erwähnte Unterschied der Camorra zur Mafia ist ebenso durch ihr städtisches Arbeitsgebiet bedingt - die straffe und fast starre Organisationsstruktur. Die städtische Kriminalität, ob nun durch Schwäche des Staates oder durch von diesem absichtlich nicht besetzte Gebiete ermöglicht, verlangt rasche und präzise, fast militärische Arbeitsweise. Anders als bei der klassischen sizilianischen Mafioso-Biographie mit ostentativer Gesetzesverletzung und anschließendem Freispruch aus Beweis-Mangel, war es für den Camorra-Gangster seit jeher besser, so lange wie möglich unerkannt zu bleiben, in der Regel tauchte er auch sofort in den Untergrund, wenn er identifiziert wurde. Die »omertà« - als Verschwiegenheitspflicht aufgefaßt - wurde hier niemals wie in Sizilien zunächst durch »Überzeugungsarbeit« erreicht,[47] sondern durch offenen und brutalen Terror. Setzten sich sizilianische Mafiosi oft stundenlang mit einem aussagewilligen Klienten auseinander und mordeten nur, wenn es gar nicht mehr anders ging (»Die Mafia schießt niemals sofort«, sagte noch der Präfekt Alberto Dalla Chiesa 1982[48]), so schießen die neapolitanischen Camorristen schon, wenn einer auch nur geringfügig »unzuverlässig« ist - anders sind die vielen Morde an bisher kaum oder gar nicht in Erscheinung getretenen kleinen Leuten in der Region Neapel nicht zu verstehen.

Aus diesen Gründen war die Camorra auch zu Zeiten für Regierungsgeschäfte verwendbar - die Mitglieder gehorchten ihren Bossen, und sie schossen und schießen jederzeit auf jedes angegebene Ziel. Die Mafia dagegen hatte schon immer die Tendenz, sich zwar mit anderen gesellschaftlichen Gruppen zu verbünden, diese aber alsbald für ihre eigenen Zwecke einzuspannen. Der Separatismus der Zeit nach dem zweiten Weltkrieg ist ein Beispiel dafür. Die Landbarone erhofften sich Unabhängigkeit von Rom sowie eine Restaurierung des Feudalwesens - die Mafiosi stattdessen eine Schwächung des römischen Einflusses und damit Freiräume für sich, aber mitnichten eine Wiedereinsetzung einer starken Adelsherrschaft, noch dazu ohne »freie« Wahlen. Die Mafia zog daher nur soweit mit, daß die römische Regierung einen totalen Abfall der Insel befürchten mußte, und blies den Schein-Aufstand sofort ab, als das Autonomie-Statut in greifbare Nähe rückte. Die Feudalen mußten sich, sehr zu ihrem Verdruß, ebenso fügen wie die eingesetzten Banditen, die an die Separatismus-Idee geglaubt hatten.[49]

Neben den bisher aufgeführten Aspekten spielen noch zahlreiche andere Momente eine Rolle bei der Genese und der Verankerung der spezifischen unteritalienischen und sizilianischen Form des organisierten Verbrechens. Etwa die Familienstruktur.

Bei den mafiosen Gruppen brachte der enge Zusammenhang zwischen cosca und Blutsverwandtschaft oft eine fast an mittelalterliche Königssippen gemahnende Heiratspolitik mit sich. Mitunter wurden Clan-Kriege nur dadurch beigelegt, daß verfeindete Gruppen sich untereinander verschwägerten - wir werden noch sehen, wie der Ausrottungskampf der Greco und der Arnone dadurch wenigstens für einige Zeit ausgesetzt wurde, daß eine Tochter des Greco-capo einen Sohn des Sozius der damals mit den Arnone liierten Di Peri heiratete. Der bevorzugte Aufbau vor allem der sizilianischen cosche und Clans innerhalb der Bluts-Familie und der Schwägerschaft, der sich übrigens auch in den amerikanischen »cosa-nostra«-Gruppen nach Möglichkeit fortgesetzt hat, ist sicher eine der wesentlichsten Ursachen für die bis heute vorhandene Schlagkraft der mafiosen Gruppen (und der nicht mehr so großen »Dichtigkeit« der Camorra, die sich innerhalb der Stadt weniger mit durchgehend Blutsverwandten organisieren kann): hier wird gleichsam von zwei Seiten her der Zusammenhalt gewährleistet - von der geschäftlichen und von der emotionalen.

Allerdings liegt im Zweifelsfall die Präferenz beim Profit und beim Geschäft.

So befehdeten sich z. B. in der Nachkriegszeit zwei mindestens verschwägerte, wahrscheinlich sogar verwandte Linien der Greco - die aus Giardini und die aus Ciaculli - jahrelang durch gegenseitige Morde, die erst aufhörten, als die Ciaculli-Greco mit Hilfe einer Ausrottungs-Strategie gesiegt hatten. Damals ging es um die Vorherrschaft auf den grünen Märkten in Palermo. Und als 1980 Zweifel an der Führungskraft des Di-Maggio-Nachfolgers Salvatore Inzerillo aufkamen und die Greco und die Marchese aus Palermo Front gegen den »capo« zu machen begannen, suchte Salvatore durch einen Clan-Kongreß die Sache zu entschärfen - und fand zwei junge Mitglieder der Greco und Marchese, die daran teilnahmen. Die Clans der Greco und Marchese empfanden dies als Verrat - schließlich ging es um die Dominanz im Rauschgifthandel - und verfolgen die beiden seither blutrünstig. Um den untergetauchten Giovanello hervorzulocken, brachten die eigenen Clans den Vater und den Onkel des jungen »Verräters« um, am 2. Weihnachtsfeiertag 1982 dann auch noch den Vater und den Bruder der Verlobten Giovanellos. Pietro Marchese wurde im Gefängnis von Ucciardone in einer Zelle umgebracht, die ihm angeblich hohe Sicherheit geben sollte. Verwandtschaft und Verschwägerung spielen also eine zweitrangige Rolle, wenn's ums Geschäft geht.

Auch die Wirtschafts- und Sozialstruktur Süditaliens und Siziliens ist ein wichtiger Faktor bei der spezifischen Ausprägung von Mafia und Camorra. Industrialisierung und ökonomische Produktivkraft des »Mezzogiorno« und der Insel lie-

gen weit hinter dem nationalen Durchschnitt. Von Rom fließen immer wieder immense Mittel in Form staatlicher Not-
programme dorthin, und nach den häufigen Naturkatastro-
phen wie Überschwemmungen, vor allem aber Erdbeben, lei-
stet auch das Ausland beträchtliche Unterstützung. Als Papst
Johannes Paul II. im November 1982 Sizilien besuchte - wir
werden noch darauf kommen - rechnete gerade ein sizilianischer Priester namens Piergiorgio Malacarno der Öffentlichkeit vor, daß mafiose Gruppen den Erdbebenopfern von Be-
lice mehr als 600 der seit 1967 zugeflossenen 1000 Milliarden
Lire (also ca. drei der fünf Milliarden DM) geklaut haben.
Zehntausende hausen dort noch immer in Notunterkünften.
Die Rückständigkeit wird damit auch auf keiner Ebene
aufgeholt. Das drückt sich besonders deutlich in den Wande-
rungsbewegungen aus. Zwischen 1964 und 1969 z. B. zogen
13 370 Akademiker vom Norden in den Süden des Festlandes
- umgekehrt waren es 24 383. 44 272 Absolventen höherer
Schulen siedelten in den Süden, aber 76 617 in den Norden
um.

In Sizilien ist die Bewegung noch ausgeprägter. Im genannten Zeitraum verließen z. B. 8760 der insgesamt 54 454 Personen mit Abitur die Insel - und kein einziger Zugang aus diesem Ausbildungsbereich war nachweisbar. Statt der abzie-
henden 3247 Akademiker (von insgesamt 17 778) kamen nur
15 neue nach Sizilien.[50]
Besonders eindrucksvoll ist stattdessen die Kriminalitäts-
rate. Und zwar keineswegs nur im mafiosen Milieu. Danilo
Dolci hat die Konstituierung der »criminalità« in seinem
Buch »Banditen in Partinico« 1958 dargestellt, indem er ein
typisches Viertel dieser Kleinstadt beschrieb:

»Von 161 Menschen haben 68 nie die Schule besucht. 69
gelangten bloß in die erste, zweite oder dritte Klasse, ohne
auch nur lesen, schreiben und rechnen zu lernen: mangels
Übung haben die meisten von ihnen alles wieder vergessen.
Nur zehn haben die vierte, sieben die fünfte Klasse der
Volksschule, drei die erste, einer die zweite, drei die dritte
Klasse der Mittel- oder Gewerbeschule besucht. - Die glei-
che Gesellschaft, die diese 161 Menschen in insgesamt 269
Schuljahren (und was für Schulen!) erzog, verwendete

noch weitere 714 Jahre und zehn Monate zu ihrer ›Nacherziehung‹ in Zuchthäusern: nicht eingerechnet die beiden lebenslänglichen Verurteilungen, die Verurteilungen, die noch immer erfolgen, 83 Jahre Verbannung, 43 Jahre Überwachung, Folterung und Kugeln.«[51]

Ganz ähnlich die Verhältnisse im Neapolitanischen; auch hier ist die Tendenz zu besonderer Gewalttätigkeit deutlich ausgeprägt. Die PCI-Zeitung »L'Unità« hat im Sommer 1982 eine Repräsentativ-Umfrage unter Geschäftsleuten Neapels durchgeführt: 61 % gaben an, bereits mindestens einmal von einem Rackett erpreßt worden zu sein, 54 % erklärten, selbst Opfer oder Zeuge von Gewalt gewesen zu sein. Die meisten von ihnen sind heute so resigniert, daß sie nur noch in größter staatlicher Härte ein wirksames Gegenmittel sehen. Nur gut ein Viertel von ihnen setzt noch auf die Beseitigung sozialer Mißstände als Hilfe gegen die überwuchernde Gewalt.[52]

Dabei ist die Arbeitslosenquote im Süden eines der augenfälligsten Probleme. So ging die industrielle Beschäftigung (die im Norden stabil blieb) im Süden der Nation zwischen 1970 und 1980 von 30,7 % auf 27,2 % zurück, die Tätigkeit im Agrarsektor fiel um fast 7 % (im Norden nur um gut 3 %). Im Norden sind - 1981 - 6,8 % der arbeitsfähigen und -willigen Menschen ohne Arbeit gewesen, im Süden 13 %.

Das Pro-Kopf-Einkommen ist im Süden ziemlich genau halb so hoch wie im Norden - und das schon seit mehr als zwei Jahrzehnten.[53]

All dies sind Grundlagen, auf denen sich mafiose und camorristische Aktivitäten entfalten können. Grundlagen - notwendige Voraussetzungen wohl, aber sie reichen noch nicht zur Erklärung der spezifischen Ausprägung eben dessen, was sich nun jeweils als »Mafia«, »Camorra«, »'ndrangheta« zeigt.

Verschiedene Interpreten - vor allem Hobsbawm, aber auch der italienische Ministerpräsident Spadolini in seiner Erklärung zum Mord an Dalla Chiesa am 5. September 1982 - haben »Mafia« (und »Camorra«) als »Parallelsystem« zur staatlichen Macht gekennzeichnet.[54] Henner Hess benützt für die von ihm untersuchte ältere Mafia lieber den Ausdruck »lokale Gegenmacht«. Pantaleone beschreibt es so: »Mafia, in Sizilien entstanden zur Verteidigung feudaler Rechte einiger skrupelloser Landherren, lebte und entwickelte sich im Schatten ökonomischer und politischer Macht, um schließlich die bewahrende Kraft selbst zu werden, wobei sie solide ökonomische und politische Positionen erreicht.«[55] Nando Dalla Chiesa hebt insbesondere den Aspekt der Interessenverfolgung ins Zentrum und bezeichnet Mafia »als Machtausübung, als Klassenherrschaft - eine Klassenherrschaft, die auf speziellen Produktionsverhältnissen beruht«[56] - dieses Verhältnis, und nichts anderes, so Dalla Chiesa, ermöglicht die Mafia-Herrschaft, und all die Mythen um die »Verwurzelung im Volk« oder die Identität mit der »sicilianità« kritisiert er als lediglich der Mafia selbst und den Politikern nützliche Ideologie. Blok wiederum, der Dalla Chiesas Arbeit offensichtlich nicht kannte, versuchte 1980 die Bestimmung durch eine differenzierende Beschreibung: »Mafia ist eine Form unerlaubter Gewalt; diejenigen, die an ihr Anteil haben, nennt man Mafiosi, Mafiosi treffen Entscheidungen, die die Gemeinschaft tangieren. Ihr Wirkungsfeld ist die Öffentlichkeit, und damit unterscheiden sie sich von jenen, die in anderen Bereichen, z. B. der Privatwohnung, zum Mittel der Gewalttätigkeit greifen. Das Verhältnis zwischen Mafioso und Obrigkeit ist von ausgesprochener Ambivalenz gekennzeichnet. Auf der einen Seite mißachten Mafiosi das formelle Gesetz und wissen sich dem Zugriff der Justiz- und Verwaltungsmaschinerie zu entziehen. Auf der anderen Seite agieren Mafiosi mit stillschweigender Duldung der formellen Obrigkeit und ›legalisieren‹ die von ihnen ausgeübte Kontrolle durch geheime und pragmatische Beziehungen zu den formellen Amtsinhabern. Diese Symbiose unterscheidet Mafiosi von Flüchtigen (outlaws) und Banditen, deren Machtsphären zwar ebenfalls durch physische Gewalt abgestützt werden, sich dafür aber in offenem Gegensatz zu den Machtsphären des Staates befinden.«[57]

Aber schon hier zeigt sich, daß »Mafia« droht, in einer Fülle allgemeiner und in vielen Bereichen auch außerhalb Siziliens verbreiteten Verhaltensweisen zu verschwimmen. Sind »graue Eminenzen«, die, durch nichts als ihren Einfluß auf Mandats- oder Machtträger legitimiert, im Halbdunkel ihre Fäden ziehen, Mafiosi? Sind Geschäftsleute oder deren

Manager, die Parteien oder Strömungen in Parteien durch finanzielle Zuwendungen »stützen« und so unlegitimiert politische Entscheidungen treffen, Mafiosi? Sind sie Mafiosi, wenn sie einerseits Parteien finanzieren, die ohne sie ihre Wahlkämpfe nicht führen könnten, und gleichzeitig sich illegale Geschäfte von Regierungsmitgliedern »genehmigen« lassen? Sind die Spitzenleute der Geheimdienste mafios, weil sie fast überall über ihre gesetzlichen Grenzen hinausgehen und sich von Politikern decken lassen?

Es ist zweifellos so, daß sich jede der oben angeführten Definitionen durch zahlreiche Einzelfakten stützen läßt; die Frage ist, ob dadurch sehr viel gewonnen wird. Gerade die Differenzierungsbemühungen vieler »Mafiologen« haben am Ende nur dazu geführt, daß Mafia alles ist und alle mafios sind - ein Ergebnis, das den in mafiosen Geschäften Interessierten nur recht sein kann. Hess und Dalla Chiesa haben zu Recht davor gewarnt.

Fraglos ist es jedoch unmöglich geworden, bleibt man bei einer der angeführten Definitionen, die »alte« und die »neue« Mafia mit dem identischen Namen »Mafia« zu belegen. Was sich in den letzten fünf, sechs, acht Jahren abzeichnet, hat wenig mehr mit dem zu tun, was in all den Untersuchungen noch als typisch galt: der Bruch zwischen legaler und illegaler Macht, in den siebziger Jahren noch fast undenkbar, scheint heute in greifbarer Nähe, die Kriegserklärung des römischen Staates blieb zumindest zeitweilig nicht nur Lippenbekenntnis, das Volk muckt erstmals nicht nur hinter verschlossenen Türen auf, sondern geht auf die Straße gegen die mafiose und camorristische Gewalt, Mafiosi tauchen heute immer bereitwilliger in den Untergrund oder ins Ausland ab (ohne sich dem traditionellen Tribunal mit »Freispruch mangels Beweisen« zu stellen), die Unfähigkeit der großen Clans zu einem auch nur bedingten Frieden wird durch die ständigen Kriege der cosche mit jederzeitiger Schieß-Bereitschaft selbst bei lächerlichen Differenzen täglich dokumentiert - kurz, die völlige Aufgabe der mehr als ein Jahrhundert liebevoll gepflegten »Ehrenwertigkeit« kennzeichnet einen revolutionären Umschwung im organisierten Verbrechen, der durch keine der angeführten Definitionen mehr gedeckt ist. Selbst bei Dalla Chiesas materialistischer Bestimmung wäre die Rückführung der Machtbasis auf das »Produktionsverhältnis« zu eng - mafiose Geschäfte sind heute weitgehend vom Produktivsektor auf den reinen Handelsbereich übergegangen, und die Dominanzen werden mit nackter Gewalt aufrechterhalten.

Würden wir die traditionellen Definitionen beibehalten, so gäbe es heute faktisch keine Mafia von Bedeutung mehr - Peter Kammerer hat im Zug seiner Kritik der Bestimmung als »Parallelsystem« schon 1976 darauf hingewiesen, daß unter solchem Vorzeichen »Mafia« wohl kaum mehr aufzufinden ist.[58]

Es gibt aber triftige Gründe, auch weiterhin von »Mafia« zu sprechen: einerseits sind es immer noch Familien und Clans sowie aus bestimmten Orten und Ortsteilen zusammengefügte Gruppen, die die neuen Formen organisierten Verbrechens weiterentwickelt haben und noch weiterentwickeln. Zum anderen wäre gerade die nationale und internationale Macht, die Mafia heute mehr denn je auszuüben imstande ist, unmöglich ohne jene traditionelle » Mafia«, die erst einmal die grundlegenden ökonomischen und machtstrukturellen Voraussetzungen für die heutige Entwicklung geschaffen hat - und die den Mafiosi eben jenes know-how vermittelte, das ihnen bis heute noch entscheidende Vorsprünge vor staatlichen Gegenmaßnahmen und der nichtmafiosen Bevölkerung gibt.

Neue Qualitäten

Eine Reihe von Faktoren schuf bereits seit dem Ende des vorigen Jahrhunderts Bedingungen, die zunächst eine allmähliche, seit dem 2. Weltkrieg eine beschleunigte und schließlich seit den siebziger Jahren eine rasante Veränderung im organisierten Verbrechen Süditaliens und vor allem Siziliens zuließen. Nationale und internationale Einflüsse sind dabei erkennbar.

Die Internationalisierung mafioser Verbindungen

Eine große Rolle spielte die Auswanderung um die Jahrhundertwende. Anders als bei der ersten europäischen Emigration, die vor allem Engländer, Iren, Deutsche und Skandinavier nach den USA gebracht hatte, kamen mit der zweiten Welle, die von 1890-1910 anhielt, besonders viele süd- und osteuropäische Menschen nach Nordamerika. Ein Hauptkontingent stellten die Italiener und hier wiederum die Süditaliener und Sizilianer, die der katastrophalen wirtschaftlichen Lage Italiens zu entgehen suchten. Nicht zufällig fallen die umfangreichsten und anhaltendsten »Unruhen« der Bauern im südlichen Teil des italienischen Königreichs gerade in diese Zeit - die Aufstände der »fasci« vor allem in Sizilien von 1892-1894 sind das bekannteste Beispiel.[1] Da die Regierung massiv durchgriff und es ständig zu blutigen Tumulten kam, eine Besserung der bäuerlichen Ertragslage und auch des Arbeiter-Verdienstes in den Städten nicht in Sicht war, suchten zahllose Italiener das Weite - die meisten davon (da die europäischen Staaten kaum Aufnahmekapazitäten aufwiesen und selbst von großer Arbeitslosigkeit geplagt wurden) steuerten Amerika an.

Eine weitere, allerdings nicht mehr so starke Welle kam während des Faschismus, also zwischen 1923 und 1943 zustande. Insgesamt erreichten bis zur Mitte des 20. Jahrhunderts mehr als fünf Millionen Italiener die USA.

Mit von der Partie waren aber nicht nur die meist sehr arbeitswilligen Bauern und Proletarier und mancher Geschäftsmann, sondern auch zahlreiche Angehörige mafioser Gruppen - auch für sie war Verdienst und Sicherheit in der Depression der neunziger Jahre gefährdet; und während der Mussolini-Zeit wurden sie gar verfolgt.

Sie fanden allerdings in Nordamerika völlig andere Bedingungen für »ihre« Arbeit vor als in Sizilien oder Unteritalien. Dort hatte es keinen Feudalismus gegeben, im agrarischen Westen dominierte noch lange Zeit der sowieso von Muskel- und Revolverhelden umgebene Rancher - da war kaum ein Eindringen und eine Etablierung nach Art des »gabellotto« möglich.

Stattdessen bot sich die Großstadt als Wirkungsbereich an. Hier gab es Spielhöllen und Prostitution, erpreßbare Geschäftsleute und - vor allem während der auch in Amerika aufkommenden Arbeitslosigkeit - viele, die nach einer Beschäftigung suchten und die man nach Zahlung von »Vermittlungsgeldern« mit mehr oder weniger massivem Druck in Positionen bugsieren konnte.[2]

Vor allem aber gab es seit der Einführung des Alkoholverbots, der Prohibition (1920-1933), den Alkoholschmuggel. Damit begann, unter anderem, die Rückwirkung der amerikanischen Mafia-Gruppen auf die eingewurzelten italienischen cosche.

Freilich - streng genommen war in Amerika von der sizilianischen Art mafiosen Verhaltens und mafioser Geschäfte kaum etwas geblieben; die »cosa nostra«, wie die organisierten Italiener »ihre« Firmen nannten, war eine rein großstädtische Einrichtung geworden. Der Boss solcher Gruppen war nicht mehr der »ehrenwerte« Herr der capomafia-Zeit - er war schlicht zum Gangster »entartet«. Aufgaben wie Vermittlung in örtlichen Streitigkeiten, Schutz vor Übergriffen staatlicher Stellen, kannte der amerikanische »cosa-nostra«-Mann nicht mehr. Die Verwurzelung in der Bevölkerung, in der Subkultur einer Region, war in Amerika nur sehr partiell gegeben. Der amerikanische Gangster war weit entfernt von dem bescheidenen Auftreten eines Don Calogero Vizzini, auch von der rustikalen Art eines Genco Russo. Er protzte sichtbar durch einen ganz bestimmten Kleidungsstil und andere Insignien des Reichtums (große Autos, Brillantringe, teure Mädchen); er dokumentierte seine Macht durch bewaffnete Leibwachen-Eskorten. Verborgen bleiben dagegen seine Geschäfte, die streng im kriminellen Untergrund organisiert waren. Oft dienten dabei legale Firmen als Tarnung.[3]

Die amerikanische »cosa nostra« hatte viel mehr Ähnlichkeit mit der neapolitanischen Camorra als mit der sizilianischen Mafia; höchstens der relativ enge Kontakt und die Zusammenarbeit von Familienangehörigen innerhalb derselben Gang unterschied die »cosa nostra« von der seit jeher in ihrem Mitgliederstamm nicht sehr wählerischen Camorra.

Als die »cosa nostra« in Amerika das große Geschäft mit dem Alkohol - Brennerei, Schmuggel, Verteilung, Ausschank - zu monopolisieren begann, waren die Verbindungen zur alten Heimat äußerst nützlich. Es gab zahlreiche Schiffahrtslinien, die man für den Schmuggel benutzen konnte. Und der lohnte sich gegenüber der Destillation im eigenen Land: die Brennerei in Amerika gab es zwar auch, aber sie war natürlich immer gefährlich, ganze Ketten von Großgeschäften konnten vernichtet werden, wenn eine Raffinerie aufflog. In Sizilien gab es bald zahlreiche »Ansprechpartner«, die gerne bereit waren, unter einer dünnen Decke von Oliven- oder Konservensendungen den Schnaps hektoliterweise nach Übersee zu bringen. Für die Sizilianer eine neue einträgliche Quelle; noch dazu, wo im Austausch dann die in Italien teuren und begehrten amerikanischen Zigaretten eingeschmuggelt werden konnten.[4]

Der Faschismus

Probleme ergaben sich, als Mussolini an die Macht kam und den Mafia-Bossen den Kampf ansagte. Lewis führt dies auf eine Kränkung des »Duce« durch einen örtlichen sizilianischen Mafia-Capo zurück, aber das ist barer Unsinn.[5] Den Faschisten konnten diese etablierten Macht-Männer von Anfang an nur gefährlich erscheinen, und umgekehrt mußten die Mafiosi, die einen beträchtlichen Teil ihrer Einnahmen aus Wahlmanipulationen und Politiker-Unterstützungen bezogen hatten, ausgesprochenen Widerwillen gegen die neuen römischen Herrscher entwickeln. Für die Großgrundbesitzer wiederum wurde die traditionelle Mafia überflüssig, weil der faschistische Staat Aufstandsbewegungen und Bauern- wie Arbeiterrevolten mit seinen Mitteln sowieso unterdrückte.

Die ergiebigste Tätigkeit für die Mafiosi blieb der Alkoholhandel, die wichtigsten Kanäle konnten offengehalten werden. Da in dieser Zeit viele Italiener emigrierten, eröffneten sich immer wieder neue Wege und zahlreiche zusätzliche Verbindungen.

Aber der Faschismus trug auch noch auf andere Weise zu einer langfristigen Erweiterung mafioser Aktivitäten bei. Er wandte nämlich in verstärktem Maß ein Gesetz an, das in Italien schon auf antike römische Zeiten zurückgeht: das der Verbannung und der Polizeiaufsicht.

Die Obrigkeit hatte dabei die Möglichkeit, bestimmte Personen, denen im einzelnen keine Straftaten nachgewiesen werden können, innerhalb Italiens an andere Orte zu verbannen (confino, soggiorno obbligatorio) und/oder an diesem Ort oder auch zu Hause unter die Pflicht zur täglichen Meldung bei einem bestimmten Polizeiposten (sorveglianza speciale) zu stellen. Dieses System diente schon im Altertum dazu, etwaige Spannungen innerhalb eines Dorfes oder einer Stadt abzubauen. Ein Vermögens- oder Ehrverlust war damit prinzipiell nicht verbunden. Am Verbannungsort konnten sich die Deportierten frei bewegen.

Die faschistischen Behörden machten davon eifrigen Gebrauch - wie übrigens dann in den sechziger und siebziger Jahren auch die demokratischen Administratoren und Richter -, und so wurden Mafiosi von Sizilien nach Norditalien verbannt.

Daß sie heute auch in den Industriegebieten Einfluß haben - der berühmte »Clan der Sizilianer« arbeitet z. B. in allen Großstädten mit vollem Erfolg[6] - ist vor allem dieser »Verpflanzung« zu verdanken. Besonders sinnlos wurde diese Art von »Säuberung« natürlich, seit es Telefone gibt und insbesondere seit der Selbstwählverkehr auch kaum mehr eine Kontrolle der Gespräche zuläßt, wenn man es nur schlau genug anstellt.

Der Mussolini-Staat hatte aber auch noch eine weitere Folge, die schon bei der Biographie Russos angeschnitten wurde: die Einstufung der meisten Mafiosi als »Antifaschisten« im gegnerischen Ausland und ihre Einsetzung durch die amerikanischen Behörden als Orts- oder Distriktsgewaltige nach dem Krieg.

Die Erschließung neuer Märkte und Geschäftsbereiche in der Nachkriegszeit

Mit dem Ende des 2. Weltkriegs wurde in Sizilien und Unteritalien vieles anders - aber für die meisten Menschen kaum besser. Die demokratischen Regierungen bemerkten daher auch bald, daß sich im Süden der Nation erneut schwere Unruhen zusammenbrauten. Sie stärkten daher zunächst einmal administrativ die Regionalverwaltungen; Sizilien erhielt sogar ein Autonomiestatut (1946), um den aufkommenden Separatismus vieler Unzufriedener abzufangen. Der Separatismus verschwand - das Statut brachte der Masse der Einwohner allerdings keinerlei Vorteile, wohl aber den Provinz-Häuptlingen und den kommunalen Größen. Denn das Statut sieht »Autonomie« im wesentlichen für die Bereiche der Geldgeschäfte, der Finanzmittelverteilung und in einigen kulturellen Aspekten vor.

So durften in Sizilien Banken gegründet werden, die nicht unmittelbar der Kontrolle der Bank von Italien unterstehen - denen aber gleichwohl vom römischen Staat große Gründungs- und Förderungsgelder über die Regionalregierung in Palermo zuflossen. Die römischen Zentralen pumpten alsbald ungeheure Kapitalien zur angeblichen »Entwicklung« des Südens in die bäuerlichen Gebiete Unteritaliens und Siziliens, Gelder, die auf der Insel wieder über die Provinz- und Kommunalverwaltungen verteilt wurden.

Darin aber saßen, wie schon berichtet, vorwiegend die von Vizzini, Russo und anderen »verdienten« Amerika-Freunden eingeschleusten »antifaschistischen« Mafiosi, zunächst in der westlichen Hälfte Siziliens.

Das Ganze war ein Musterbeispiel, wie man aus einer richtigen Analyse falsche Konsequenzen ziehen kann. Die Regierungen in Rom, insbesondere aber die starken Linksparteien hatten erkannt, daß die Probleme des Südens vor allem in der überdurchschnittlich großen Arbeitslosigkeit, der unterentwickelten Infrastruktur, den viel zu kleinen Wirtschaftseinheiten in der Landwirtschaft, der unzureichenden Erschließung von Brachland etc. lagen. Also wurden große Geldmengen in diese Gegend geschickt.

Nur nützt das Geld nichts, wenn seine Verwendung nicht kontrolliert wird. Wie wiederum Nando Dalla Chiesa belegt hat, war Sizilien (ebenso wie Calabrien und die Campania) niemals die »ärmste« und politisch »unterrepräsentierte« Region Italiens - Geld war immer in erheblichen Mengen da, die Sizilianer schickten Minister (und gar Ministerpräsidenten) zuhauf nach Rom: ginge es tatsächlich nach dem Grad der Vernachlässigung, müßten die Abruzzen, die Basilicata oder auch Apulien viel eher mafios anfällig sein als Sizilien, Kalabrien oder die Campania.[7]

Nach Sizilien wurden Milliarden für den Wohnungs- und Straßenbau, für Staudämme und Wasserleitungen gesandt. Zwischen 1947 und 1971 flossen 830 Milliarden Lire (ca. vier Milliarden DM), von 1972-1976 weitere 630 Milliarden Lire (ca. zwei Milliarden DM) nach Sizilien.

Aber die Aufträge holten sich fast ausschließlich mafiose Firmen, die zum Teil absurde Projekte verfolgten (wie die Antimafiakommission feststellte, z. B. Staudämme, wo es kein Wasser gab), miserable Leistungen (oder gar keine) lieferten. Auch blieb ein Großteil der Gelder lange über die Ausschüttungszeitpunkte auf Banken liegen - und wurde zu Spekulationen ganz anderer Art benutzt, darauf werden wir noch kommen. Die Bauern, für die die Gelder eigentlich waren, wurden vertröstet oder eingeschüchtert. Und Leute, die sich, wie Danilo Dolci oder Pio La Torre, öffentlich für eine

Mafia-Pfründe ›öffentliche Arbeiten‹: Diese Staumauern wurden in einer Gegend errichtet, in der es kein Wasser zu stauen gibt

Abstellung der Mißstände einsetzten, von einer korrupten Justiz noch bestraft.[8]

Gleichzeitig zogen mafiose Firmen auch aus einem anderen staatlichen Sektor ihren Profit: aus der Steuereinnahme. Denn das Steuerwesen wird vom Staat zum Teil an private Einzugsfirmen vergeben. Die Brüder Salvo aus Salemi kontrollierten z. B. bis 1982 einen großen Teil der von den insgesamt 334 Steuereinnahmestellen der Insel vergebenen Konzessionen und wurden dabei steinreich (wie der ermordete Pio La Torre im Minderheitenbericht der Antimafia-Kommission nachgewiesen hat).[9]

Der Einbruch in die Vergabe staatlicher Gelder und Aufträge war nach dem Alkohol- und Zigarettenmarkt (der in den fünfziger Jahren zurückging, insbesondere seit zwischen 1933 und 1967 in allen amerikanischen Staaten die Prohibition aufgehoben wurde) der zweite wichtige neue Geschäftsbereich für die Mafia im 20. Jahrhundert.[10] Aber damit begann zum Teil auch bereits eine grundlegende Veränderung in der Grundsubstanz mafiosen Tuns und mafioser Verhaltensweisen.

Denn die staatlichen Gelder mußte man sich vor allem in Palermo bzw. den großen Städten der Insel sichern. Bauaufträge wurden vor allem dort vergeben; Steuerkonzessionen bekam man vorwiegend durch die städtischen Politiker zugeschanzt. Der traditionelle Dorf-Mafioso kam da nicht so recht ran.

Vito Calogero Cianciminios Karriere, die schon geschildert wurde, zeigt die Veränderung sehr deutlich: während sein erster Mentor Dr. Navarra bescheiden im kaum 10 000 Einwohner großen Städtchen Corleone blieb, sich vor allem um das - mangels anderweitiger Pfründe noch einigermaßen erträgliche - Krankenhaus kümmerte und ansonsten die üblichen Schutzgeld-Erpressungen und Wasserleitungs-Pachten durchführte, zog Ciancimino in die Insel-Metropole, ging dann nach Rom, kehrte zurück und drang von da an systematisch in die von Palermo aus gesteuerten einträglichen Geschäfte ein.

Fast rührend nimmt sich dagegen auch der alte »capo dei capi«, Don Calogero Vizzini, aus, der den Amerikanern einige verrostete Armeelastwägen abluchste und damit Vieh- und Gemüsetransporte sowie Zigarettenschmuggel betrieb.

In derselben Zeit aber kam es zu weiteren wichtigen Veränderungen: es kehrten nämlich zahlreiche amerikanische »cosa-nostra«-Bosse zurück. Ein großer Teil deshalb, weil die amerikanischen Behörden sie entlassen oder ausgewiesen hatten (wohl auch um die Gefängnisse etwas zu leeren und die Gangster loszusein). Sie traten schnell in Verbindung mit ihren Kollegen, die schon mit der amerikanischen Okkupationsarmee eingerückt waren (15 % des US-Heeres in Sizilien waren gebürtige oder abstammende Sizilianer - wie etwa der berühmte Vito Genovese).

Auch Lucky Luciano kam zurück. Er schlug die Hände über dem Kopf zusammen, als er den zurückgebliebenen Zustand der sizilianischen Organisation bemerkte.

Die Mafiosi selbst wie ihre Geschäftsformen waren nach seiner Erkenntnis fast steinzeitlich im Vergleich zu Amerika. Sein Urteil über die beiden wichtigsten Männer der ersten Nachkriegszeit in der sizilianischen Mafia lautete: »Don Calogero Vizzini hatte noch alle Attribute; aber Genco Russo ist nicht einmal ein richtiger Gockel, geschweige denn ein Stier. Er ist ein fettes Huhn, das kräht - und von Hühnern die krähen, weiß man, daß sie bald in der Pfanne enden, weil sie weder Eier legen noch die anderen Hühner um sich scharen.«[11]

Mit solchen Leuten ließ sich, nach Ansicht der amerikanischen Gangster, kein modernes Geschäft aufziehen. Und das hatten Lucky Luciano und seine Clans sehr wohl im Sinn.

Über die herkömmlichen Branchen hinaus schwebte ihnen Ende der fünfziger Jahre ein Gebiet vor, das bisher noch nicht »dazu« gehört hatte, und das völlig neue Aussichten eröffnete: das Rauschgiftgeschäft.

Rauschgiftschmuggel als »aufstrebender Bereich« der sechziger Jahre

Pantaleone faßt Lucky Lucianos Urteil über die alten Vorkriegs- und die jungen Nachkriegs-Organisationen Siziliens in den fünfziger Jahren so zusammen:

> »Lucky Luciano schätzte weder die alte noch die neue Mafia Palermos. Seiner Ansicht nach war die alte Mafia (die der Wasserreservoire und der Plantagen, des Gemüse- und Obstmarktes, der Schutzgelder, der Entführungen und Erpressungen) nicht auf dem entsprechenden Niveau für ein derart delikates und komplexes Geschäft wie den Rauschgifthandel, für den man - nach seinen Worten - eine völlig andere Geschmeidigkeit im Denken und in der Handlungsfähigkeit benötigt. Die junge Mafia dagegen, die sich im Klima der Machenschaften in der Nachkriegszeit und der betrügerischen Kämpfe um Politik und Wahlen gebildet hatte, schätzte er nicht, weil sie immer ›Donnergetöse‹ mit Pistolen und Dynamit veranstaltete; vor allem aber sei sie, so Luciano, undiszipliniert und unfähig, sich als eine einige ›Familie‹ zu konstituieren, um die Wahlen zu ihrem eigenen Vorteil zu organisieren. Mit der unausweichlichen Konsequenz, daß dieser oder jener Kandidat der ›Freunde der Freunde‹ umgebracht wird, noch ehe er Abgeordneter wird . . .«[12]

Um seinem Mißfallen an der altbackenen Mafia Ausdruck zu geben, siedelte der gebürtige Sizilianer Luciano[13] sich nach seiner Rückkehr nicht mehr in Sizilien, sondern bei Neapel an - ein deutliches Zeichen auch dafür, daß er erkannt hatte, wie nahe das dort eingewurzelte städtische Gangstertum den spezifisch amerikanischen »Mafia«-Vorstellungen war.

Freilich hieß das nicht, daß Lucky Luciano die palermitanischen Geschäfte ganz außer Acht gelassen hätte - mehrere Vertraute wie Rosario Mancini, Antonio Sorci, Pietro Davì besorgten dort seine Anliegen und hielten die Verbindung aufrecht, obwohl er sich das eine um das andere Mal abfällig auch über die »neuen« Männer der Stadt-Mafia von Palermo (wie die La Barbera und die Greco) äußerte. Es verhinderte auch nicht, daß Luciano sich fleißig an den typischen palermitanischen Stadt-Geschäften wie den öffentlichen Bauten beteiligte.

Ob die Sizilianer nun von Lucky Luciano zu Recht oder zu Unrecht als »zurückgeblieben« eingestuft wurden, die Rauschgiftgeschäfte florierten dort jedenfalls bald prächtig. Die aus zahlreichen Mitgliedern bestehende Familie der Greco hatte schon in den vierziger Jahren die mit ihnen seit einem Jahrzehnt rivalisierenden Leute vom Clan der Arnone so zusammengeschossen, daß dieser nur noch bescheidenes Mittelmaß besaß.[14] Später allerdings verbündeten sich die Arnone mit den aufstrebenden Leuten vom Clan der Di Peri - und diese neue Gruppe konnte erst zu Beginn der achtziger Jahre ausgeschaltet werden. Darüber bald mehr.

Neben den Greco stiegen auch noch die La Barbera zu Schlüsselfiguren im Rauschgifthandel auf. Als erster hatte zwar der Greco-Capo Totò beschlossen, nicht mehr nur im Auftrag zu schmuggeln, sondern selbständiger Unternehmer zu werden. Lucky Luciano mißfiel dies; er ordnete die Isolierung der Greco an und machte Angelo La Barbera zum Gang-Chef. Der wiederum verstieß bald gegen ein wichtiges Gesetz der sizilianischen Mafia-Riten: er widersetzte sich einem Urteil, das eine »unabhängige« Jury über einen Fall von angeblicher Finanzmittel-Hinterziehung eines gewissen Calcedonio di Pisa (zu dessen Entlastung) gefällt hatte und brachte den Übeltäter einfach um. Damit hatte er - 1962/63 - die offene Kriegserklärung gegen die Greco gegeben, aber es endete schließlich mit dem Tod bzw. dem Verschwinden der von Lucky Luciano favorisierten La Barbera[15]: offensichtlich hatte der alte »cosa-nostra«-Mann seinen Einfluß schon weitgehend verloren - er selbst starb übrigens ganz überraschend 1962; wie viele meinen, an Strychnin und nicht an Herzversagen, wie es der Arzt feststellte.

Das Rauschgiftgeschäft blühte trotz der Clan-Kriege weiter. Michele Pantaleone hat seine Entstehung und die internationalen Verbindungen aufgrund umfangreicher Recherchen in den sechziger Jahren detailliert nachgezeichnet und faßt seine Ergebnisse so zusammen:

»Die Rauschgifthändler sind auf internationaler Basis organisiert; sie wickeln ihre Geschäfte mit verabredeten Geheimsprachen über Funk, Telefon, Telegramme rasch und mit Hilfe eigener Mittel von einem Meer zum anderen, von einem Staat zum anderen, von einem Kontinent zum anderen, ab.«[16] Hauptanlaufgebiete waren in den sechziger Jahren die USA, Italien, Kanada, Mexiko und Frankreich.

Zu dieser Zeit war jedoch die über Sizilien verlaufende Rauschgifthandels-Linie nur eine unter mehreren, und nicht einmal die größte. Die wichtigste kam damals aus dem vorderen Orient, insbesondere der Türkei (die zum Teil selbst herstellte, zum Teil aus dem Mittleren und Fernen Orient Rohstoffe bezog), verlief über die vorderasiatischen Mittelmeerländer, besonders solche mit schwacher Regierung wie etwa dem Libanon, und zielte direkt nach Marseille; die Raffinerien für das Roh-Opium lagen daher meist in Frankreich oder dessen grenznahen Gebieten.[17] Anfang der siebziger Jahre gelang es jedoch Interpol, diese sogenannte »French Connection« zu zerschlagen. Und da kam die Stunde der sogenannten »siculo-amerikanischen« Rauschgift-Spezialisten.

Der Aufbau neuer Multis und
die Monopolisierung des Rauschgiftgeschäfts

Am 3. September 1982 wurde der Polizeipräfekt von Palermo, Alberto Dalla Chiesa, erschossen. Gut vier Wochen später verhaftete die Polizei einen ersten Tatverdächtigen - den Olivenpflücker und Hirten Nicola Alvaro. »Abbiamo preso un killer del generale Dalla Chiesa«, gab »La Repubblica« den »Erfolg« wieder.

Es war ein Windei. Gelegt hatte es ein sogenannter »pentito«, ein reuiger angeblicher Insider namens Giuseppe Spinoni, der den palermitanischen Behörden seitens der Polizei von Perugia wärmstens als »zuverlässiger« Konfident empfohlen worden war - obwohl er, wie sich herausstellte, auch schon die oberitalienischen Ermittler einige Male angelogen hatte. Mitte Dezember 1982 wurde Nicola Alvaro wieder entlassen.

Ganz umsonst war die Aktion allerdings trotzdem nicht gewesen. Denn Nicola Alvaro, derzeit in Catania tätig, stammt vom Festland, genauer gesagt, aus Gioia Tauro, und noch dazu aus einer der dort mächtigsten Familien, dem Clan Alvaro - und der hat gute Beziehungen vor allem im Rauschgiftgeschäft nach Übersee. Die Ermittlungen ergaben, daß sich hier eine sehr kräftige »Calabrian connection«[18] etabliert hatte - sie verläuft von Palermo über Gioia Tauro nach Montreal in Kanada, wo für die Alvaro insbesondere die Clans der Violi die intimsten Geschäftspartner sind, wie neben der italienischen Polizei auch das amerikanische Büro der Drug Enforcement Agency (DEA) festgestellt hat.

Umfangreicher als die Zusammenarbeit Palermo-Gioia Tauro erwies sich eine andere Spur, die ebenfalls im Zug der Dalla-Chiesa-Ermittlungen aufgefunden wurde. Hierbei hatte der - im Prolog beschriebene - geständige Rauschgift-Kleinhändler Armando Di Natale ergiebige Belege für die Beteiligung eines Kommandos aus dem südsizilianischen Siracusa an verschiedenen palermitanischen Aktionen geliefert (und war wahrscheinlich deshalb ermordet worden): festgenommen wurden daraufhin Nunzio Salafia, Antonio Ragona und Salvatore Genovese. Neben der Aussage Di Natales gab es auch weitere Indizien, daß die drei Siracusaner Haupttäter waren bei der Ermordung des inhaftierten Mafia-Capo Alfio Ferlito am 16. Juni 1982 an der Umgehungsstraße von Palermo. Die dabei verwendete Maschinenpistole Marke »Kalashnikov« AK 47 hatte auch beim Mord des Polizeipräfekten Alberto Dalla Chiesa geholfen.[19]

Die Maschinenpistolen der Mafia haben eine spezifische Geschichte und hinterlassen, neben ballistischen Beweisen, auch noch eine eigene »Handschrift«.

Traditionell war das Handwerkszeug mafioser Killer bis Ende der siebziger Jahre die »lupara«, die (meist abgesägte) Schrotflinte oder die automatische Pistole, hin und wieder auch Dynamit. Beim Mord an dem Mafia-Capo Stefano Bontade am 23. April 1981 wurde erstmals eine »Kalashnikov« verwendet - bis dahin das Arbeitsgerät der Roten Brigaden. Aber es war nicht die »handelsübliche« Kalashnikov. Einer der begabtesten (mittlerweile inhaftierten) sizilianischen Büchsenmacher hatte sie den mafiosen Verhältnissen »angepaßt«: da die meisten Mafia-Chefs vorsichtshalber gepanzerte Autos (Typ »Alfetta«, Kosten: ca. 100 000,- DM pro Stück) verwenden und auch Top-Polizisten sich solcher Schutzvorrichtungen bedienen, wurde vom Waffenschmied durch Eingriffe die Geschoßgeschwindigkeit enorm erhöht, die Durchschlagskraft ist seither auch für gepanzerte Gefährte ausreichend. Stefano Bontade bekam das als erster zu spüren, als er trotz der Panzerung im Auto durchsiebt wurde.[20]

Da aber bisher nur einige wenige cosche mit der »Siculo-Kalashnikov« ausgerüstet sind und nachweislich mindestens Ferlito und Dalla Chiesa aus ein und derselben Waffe erschossen wurden, kreist der Gedankengang der Ermittler - gefördert durch die Aussage Di Natales - seither um die Frage, wer an diesen Morden zugleich Interesse haben konnte.

Bei Alfio Ferlito schien die Sache relativ klar: er war der capo einer der größten Familien im ostsizilianischen Catania, und so war die Sache am ehesten seinem engagierten Rivalen, dem seit langem verschwundenen Benedetto (»Nizzo«) Santapaola zuzuordnen. Die drei inhaftierten Siracusaner standen überdies im Ruf, der cosca »Nizzos« anzugehören.

Die Frage war jedoch, wieso der am anderen Ende der Insel residierende und arbeitende Präfekt Dalla Chiesa eben diesem Santapaola oder mit ihm liierten Gruppen im Wege gewesen sein könnte.

These 1 Es war ein Übers-Kreuz-Geschäft: Die Gruppen aus Siracusa und Catania »erledigten« für palermitanische Clans die »Arbeit«, den unbequemen Polizisten zu ermorden (wofür dann umgekehrt in irgendwelchen anderen Fällen sich wiederum die Palermitaner »erkenntlich« zeigen sollten).

These 2 Clans, die in anderen Inselteilen arbeiten, wollten den übermächtigen palermitanischen Familien Schwierigkeiten bereiten, indem sie ihnen die geballte Staatsmacht durch die Ermordung Dalla Chiesas auf den Hals hetzten.

These 3 Die »Aktion Dalla Chiesa« (wie sie in einem Telefongespräch ein anonymer Anrufer schon wenige Tage vor dem Mord bezeichnete) war ein absichtlich als »konzertierter« Mord angelegter Hinterhalt, um einerseits die identischen Interessen aller Insel-Clans zu dokumentieren, andererseits das Image dieser Insel-Clans im internationalen »Geschäft« zu stärken, wo nach der Entsendung des als erfolgreicher Terroristen-Fänger berühmten Dalla Chiesa Unsicherheit ausgebrochen sein könnte.

Die Ermittlungsbehörden neigten von Anfang an zu These 3: Sie vermuteten eine Aktion aller in Sizilien engagierten Gruppen der »malavita«. Im Gegensatz dazu forderten vor allem nichtbehördliche Mafia-Kenner, darunter Pino Arlacchi von der Universität Cosenza und auch der Dalla Chiesa-Sohn Nando, die Auftraggeber zuerst einmal in den interessierten Kreisen Palermos selbst zu suchen und sich dann erst den Fragen der letztlichen Ausführung mit Hilfe der Maschinenpistolen zu widmen.

Wie dem auch sei: Ob hier palermitanische Mafiosi auswärtige Gruppen bloß »verwendet« haben oder ob sich eine überregionale - oder gar nationale - Aktion hinter dem Anschlag versteckt: die Ermittlungen der Behörden förderten auf jeden Fall eine Fülle bisher unentdeckter oder nicht genügend verfolgter Zusammenhänge zutage - Zusammenhänge, die schon die vor Dalla Chiesa umgekommenen Fahnder und Politiker Giuliano, Basile, Russo, Costa, Terranova und Mattarella gemutmaßt und mit dem Leben bezahlt hatten.

Die wichtigste erhärtete Erkenntnis ist, daß seit der Mitte der siebziger Jahre der internationale Rauschgifthandel zu einem großen Teil von siculo-amerikanischen Gruppen an sich gezogen und zu Beginn der achtziger Jahre faktisch monopolisiert wurde - zumindest was die in den Westen verlaufenden Linien der »connections« betrifft.

Das amerikanische Rauschgift-Ermittlungs-Büro DEA hat für 1979 folgendes ermittelt[21]:

Jährlich werden derzeit weltweit ca. 1800 Tonnen Opium illegal hergestellt. Davon: 10 Tonnen in Mexiko, 600 Tonnen im Iran, 300 Tonnen in Afghanistan, 700 Tonnen in Pakistan und 160 Tonnen im »goldenen Dreieck« um Thailand.

Von den ca. 1600 Tonnen in Afghanistan, Pakistan und

Iran werden ca. 1000 im jeweiligen Inland konsumiert; der Rest wird zu Morphin-Basen verarbeitet und vor allem in den Westen exportiert. Verarbeitungs-Laboratorien befinden sich vor allem im Nordwesten Pakistans, im Libanon, Syrien, Iran und in der Türkei.

Der palermitanische Ermittlungsrichter hat mit Hilfe des Rauschgiftschmugglers Eric Charlier, der in verschiedenen Prozessen angeklagt war, folgende Verdienstquoten ermittelt[22]: In Afghanistan wird Morphin-Base um 2000 Dollar pro Kilo erhandelt. In der Türkei, nächste Station, kostet dieselbe Menge dann bereits 3500 Dollar, in Griechenland 8000 Dollar, und wenn sie in Mailand oder in Sizilien oder sonstwo in Europa ankommt, um die 12 000 Dollar, also um die 26 000-28 000 DM.

Aus dem Roh-Morphin wird nun in komplizierten chemischen Prozessen Heroin und Morphium gewonnen, und das daraus gewonnene Material kostet pro Kilo auf dem europäischen Großhandelsmarkt 120 000-150 000 Dollar (260 000-330 000 DM), auf dem amerikanischen Markt sogar 250 000 Dollar. Der Einzelhandel bewirkt dann nochmal eine Preis-Vervielfachung.

Das veranschaulicht, um welche Summen es beim Rauschgiftgeschäft geht. Und auch um welche Risiken, wenn etwas schiefläuft.

Daher benötigen internationale Rauschgiftschieber-Ringe vier grundlegende Voraussetzungen, um ihre Geschäfte abwickeln zu können:
- riesige Kapitalmengen;
- an den Hauptumschlagplätzen eine stillhaltende oder nur bedingt eingreifende staatliche Kontrolle und Ordnungsmacht;
- eine schnelle, übersichtliche und mit »vertrauenswürdigen« Leuten und Gruppen ausgestattete Zubringer- und Verteilerorganisation und
- jederzeit einsatzbereite und durchsetzungskräftige illegale Gewaltverbände (Killer- und Einschüchterungstrupps).

Nur wenn alle vier Aspekte zusammentreffen, kann die Sache wirklich funktionieren.

Bis in die beginnenden siebziger Jahre waren faktisch nirgends auf der Welt all diese Aspekte in einer »connection«

vereinigt. Zwar hatte es Hauptlinien gegeben - wie die berühmte »French-Connection« -: aber sie waren alle von Rivalitätskämpfen gezeichnet, weil eben entweder die gewalttätige Durchsetzungskraft nicht hinreichend gegeben war, die nötigen vertrauenswürdigen Verteilerringe fehlten und - wie in Marseille - von Polizeispitzeln infiltriert werden konnten, oder weil die Polizei eben nicht oder nicht mehr zum Stillhalten bereit war.

Das wurde anders, als die Sizilianer in die Sache eindrangen.[23]

In der Literatur und den Medien wird gerne allein das Zerschlagen der »French Connection« als Grund für den Aufstieg der Sizilianer angegeben. Tatsächlich aber war dies nur einer der Aspekte, der die Mafia-Gruppen ganz nach oben brachte.

Denn gerade zu dieser Zeit wurden in Sizilien recht unvorhergesehen riesige Kapitalmengen frei. Der Grund dafür lag - auch wenn es absurd klingt - überwiegend in dem Wirken der Anti-Mafia-Kommission.

Ihre Rapporte hatten zwar politisch wenig Wirkung, erreichten jedoch offenbar bei den bisher ans Absahnen bei öffentlichen Aufträgen im Bausektor und bei der Steuerpacht gewohnten Mafiosi eine deutliche Verunsicherung. Außerdem sahen sich die mit ihnen liierten Politiker und Administratoren gezwungen (um negativen Eindrücken zu begegnen), eine Reihe von Aufträgen auch an nichtmafiose Unternehmen zu vergeben.

Man mußte sich also nach neuen Anlagemöglichkeiten umsehen. Das Rauschgiftgeschäft schien hier besonders gewinnträchtig; also versuchte man es damit.

Die Lage war günstig: Nach den Wellen der Aufregung, die sich nach den Berichten der Anti-Mafia-Kommission Anfang der siebziger Jahre mehr pflichtgemäß im politischen Rom gezeigt hatten, kehrte bald wieder Ruhe ein; die Liaison mafioser Gruppen mit politischen Potentaten wurde fortgesetzt, engagierte Mafia-Bekämpfer wie der von 1968-1973 in Palermo arbeitende Alberto Dalla Chiesa abgezogen. Die Polizei drückte wieder, wie eh und je, beide Augen zu, wenn brisante Fracht ankam.

Nützlich war den mafiosen Gruppen hierbei auch die

Morphium-Raffinerie, entdeckt 1982 in Palermo

schon lange bestehende Verbindung zu amerikanischen Verwandten und »cosa-nostra«-Gruppen. Die Konzentration
der Geschäfte innerhalb sogenannter »siculo-amerikani-
scher« Gruppen wurde dadurch enorm gefördert.

Ein weiterer Schritt zur Monopolisierung bestand darin,
nicht nur die Handelslinien, sondern auch die Raffinerien der
Rohmaterialien an sich zu ziehen: mafiose Gruppen richteten
in Sizilien chemische Labors ein. Wichtig wiederum: sie

konnten sich bei alledem auch bedeutende Teile der ansonsten zerschlagenen »French Connection« einverleiben. So wurden (nach einem Ausbruch 1981) am 23. August 1982 an der römischen Via Aurelia erneut die drei Oldtimer Hughes Reccia, Vincent D'Ingeo und Marcel Jill - letzterer u. a. wegen Mordes am französischen Drogen-Ermittlungsrichter Michel Piero gesucht - festgesetzt, die offenbar nahtlos in die neue »Sicilian Connection« hineingepaßt hatten. Auch der begabteste und als »Goldrake« bekannte französische Chemiker André Bousquet aus dem Clan der »Marseillianer« war wieder dabei und hatte in Palermo seine Laboratorien aufgeschlagen; mittlerweile wurden in ganz Sizilien fünf davon entdeckt - eines davon in Sant'Onofrio, einem Dorf, wo der capo-mafia Gerlando Alberti (Clan Corleone) eine Villa besitzt. Der Hotelier Carmelo Janni, der bei der Lokalisierung der ersten Raffinerie in der Palermitaner Via Grazia mithalf, wurde ermordet.

Der zeitweilige Assistent des »Mister Goldrake«, Pierre Doré, schilderte, mit welch genialer Improvisation Bousquet arbeitete:

»Die Vorrichtung war im Wohnzimmer, dem größten Raum des Hauses, installiert. Es war ein fortlaufender Gang von Behältern und Schachteln, worin Flaschen mit verschiedenen Flüssigkeiten standen. Bousquet arbeitete an einem Tisch, gab mir keinerlei Erklärungen, rief mich alle Augenblicke und ließ mich Plastikbehältnisse mit einer wasserähnlichen, intensiv riechenden Flüssigkeit umfüllen. Ich erinnere mich, daß er zuallererst ein braunes oder rötliches Pulver in Schalen gab und mit der Flüssigkeit verrührte. Er hatte eine Maske vor dem Gesicht - ich nicht, und bald drehte sich mir der Kopf, ich mußte einige Tage ins Bett. Am Ende waren da Dutzende durchsichtiger Plastiktüten mit grauem, braunem oder weißem Pulver, je nach Reinheit; jeweils ein Pfund bis ein Kilo.«[24]

Die Raffinerien funktionierten so gut, daß sie wöchentlich um die 50 Kilo verarbeiten konnten (was einem Großhandelspreis zwischen 15 und 30 Millionen DM wöchentlich entspricht). Das einzige Problem bestand alsbald im Heranschaffen des Rohmorphins.

Das organisierte bis zum Beginn der siebziger Jahre ein gewisser Franco Mafara, der die Ware zum Teil mit angeblich zollamtlich kontrollierten Lastwagen über Triest herbéischaffte, sowie der Syrer Mohamed Dallal in Beirut, Neffe des Kommandanten der syrischen Truppen im Libanon, von wo aus zahlreiche Schiffe Richtung Sizilien ausliefen (unter libanesischer Flagge), außerhalb der 12-Meilen-Zone warteten und die Pakete an kleine Kutter aus Trapani, Mazara und Catania übergaben.

Nach der Veredelung wurden die Heroin- und Morphium-Pakete in alle Welt exportiert und von internationalen Banden übernommen (so stellte z. B. der Belgier Albert Gillet einen einsamen Rekord auf, als er allein von 1979-1980 auf 23 Reisen 170 Kilo Heroin nach Übersee schmuggelte).

Das Geld kam jeweils postwendend: mit Kurier im Jumbo-Jet AZ 642 New York-Palermo, im Volksmund »il padrino«, der Pate, genannt. Die Polizei war diese Sendungen gewohnt und machte schon die Augen zu, wenn der Jet bloß angekündigt war.[25]

Bis auf den Vize-Polizeichef von Palermo, Boris Giuliano, der 1979 mal in das Gepäck der Reisenden guckte und dabei einen Koffer mit gut 500 000 Dollar beschlagnahmte, den die Firma Gambino den sizilianischen Arbeitskollegen schicken wollte.

Giuliano wurde bald ermordet.

Nach den Berechnungen der Polizei betrug der Umsatz im sizilianischen Raffinerie-Geschäft zu Beginn der achtziger Jahre zwischen 800 und 1000 Milliarden Lire, also umgerechnet 1,6 -2 Milliarden DM; ein Vielfaches davon kommt noch durch den durchlaufenden Handel und die Organisation der internationalen Ankaufs- und Verkaufslinien dazu.

Daß die hier mitarbeitenden Gruppen polizeiliche Einmischung ganz und gar nicht brauchen können, ist verständlich, und so suchten sie sich, wie seit jeher unter Mafiosi üblich, durchwegs hoher politischer und administrativer Protektion zu versichern. Der Ende der siebziger Jahre führende Clan der Badalamenti (aus Cinisi) verdankte seinen Vorrang vor allem der hervorragenden Freundschaften seines Familienpatriarchen »Don Tanu« Gaetano Badalamenti mit Politikern und »uomini di rispetto«, honorigen Persönlichkeiten - die

Mafia und Politik: DC-*Chef De Mita und der mit Mafia-Firmen liierte Flavio Carboni*

Nino Salvo, größter Steuerein-treiber Siziliens, nach einem Ver-hör. Links hinten Polizeivizechef Boris Giuliano

Alberto Dalla Chiesa schon 1970 aufgespürt und (ohne Er-folg) denunziert hatte, als »Don Tanu« in die Lombardei ver-bannt war, aber dennoch fast täglich Abgesandte des Innen-ministeriums und Anrufe von Abgeordneten und hohen Be-amten und Richtern empfing. Ein junger Mann der »Demo-crazia proletaria«, Giuseppe Impastato, der dies öffentlich machte, wurde bald darauf ermordet.

Wichtig für den Erfolg der Sizilianer war, daß Gruppen aus allen Inselteilen zusammenarbeiteten. Catania war bisher ne-ben dem alten Zigarettenschmuggel vor allem dem Kokain-Handel verbunden - ihr Gebiet blieb respektiert, sie durften aber nach und nach vor allem wegen der guten Schiffs-Ver-bindungen am Morphium-Zubringer-Geschäft teilnehmen. Auch die Leute aus Siracusa, Trapani (dessen Staatsanwalt Giangiacomo Ciaccio Montaldo am 25. Januar 1983 erschos-sen wurde), Castellammare di Golfo usw. wurden benötigt, um durch eine Art Einfuhr-Dislozierung der Polizei keine konzentrierte Fahndungsarbeit zu ermöglichen. Mit Erfolg: die Polizei glaubte noch lange in den siebziger Jahren, daß Neapel der Hauptumschlagplatz für Rauschgift sei, weil hier einst Lucky Luciano die Sache eingeleitet hatte. Da gab es aber schon längst die ergiebige »Sicilian Connection«.

Gleichzeitig konnten sizilianische Gruppen auf gut eingespielte Gruppen mit gewaltiger krimineller Energie zurückgreifen, wenn irgendetwas nicht klappte - wenn sich trotz Absprachen Polizeistellen einmischten, wenn kleine oder mittlere Kuriere Ware oder Geld veruntreuten, wenn andere Gruppen - Iren, Kubaner, Franzosen - mitmischen wollten: Das im Bereich illegaler Geschäfte notwendige »Vertrauen« konnte auf diese Weise gut aufrechterhalten werden.

Eine wichtige Episode zeigt dies besonders deutlich und erhellt den Gesamtzusammenhang und die Dimensionen der neuen Entwicklung: als der Friede zwischen den Clans 1981 ganz plötzlich abbrach und innerhalb weniger Wochen zwei der obersten Rauschgift-capi, Stefano Bontade und Salvatore Inzerillo, umgebracht wurden, war der Auslöser für diesen Krieg die Tatsache, daß die beiden aus der Gemeinschaftskasse der Clans 20 Milliarden Lire (ca. 40. Millionen DM) entnommen und ein Extra-Geschäft auf dem Drogenmarkt gestartet hatten. Das Gesetz »Vertrauen gegen Vertrauen« gilt auch für die obersten Chefs.[26]

Aber Sizilien war (und ist zum Teil noch) auch über diese gute Ausgangslage hinaus noch ein Paradies, was die Wiederverwendung des illegalen Geldes betrifft.

Ein Teil des Erlöses geht natürlich wieder in die Neubeschaffung des Rohmaterials. Ein zweiter Teil wird, nach den Ermittlungen, als stille Reserve in vertrauenswürdigen und ausländischen Banken, etwa in der Schweiz, geparkt, um einen Notgroschen zu haben; ein weiterer Teil wird in Spekulationen im Ausland, vor allem in Südamerika, angelegt - wir werden beim Fall Sindona noch darauf zurückkommen. Ein weiterer Teil wird innerhalb Siziliens mit Hilfe der schon öfter erwähnten öffentlichen Bauaufträge weiterhin gewinnbringend eingesetzt, wobei sich übrigens auch die immer stärkere Verflechtung von Gruppen aus verschiedenen Bereichen der Insel und mit festländischen Firmen und Clans zeigt: Über-Kreuz-Geschäfte dienen heute mehr und mehr dazu, die in der Öffentlichkeit suspekt gewordenen Auftragserteilungen an ortsansässige Großfirmen zu verschleiern. In Palermo stehen z. B. derzeit 2,6 Millionen DM an öffentlichen Aufträgen zur Verfügung - für den Flughafen-Ausbau, für Obdachlosen-Heime, für einen Riesendeich am Meer.[27] Eine der lukrativsten Arbeiten sicherte sich ein Unternehmer aus dem fernen Catania, Carmelo Costanzo (derzeit unter Anklage, weil die Praxis der Auftragsvergabe untersucht wird): den Bau einer riesigen Kongreßhalle in Palermo. Dieser Costanzo gebietet über 25 Einzelfirmen, besitzt 5000 Mietswohnungen, ein 1500-Betten-Hotel (»La perla jonica« in Capumunini) und hat sich auf dem Festland riesige Aufträge gesichert, etwa im Erdbebengebiet von Irpina in Inneritalien. Außerdem hat er Tochterfirmen en masse in Venezuela, Spanien und verschiedenen afrikanischen Staaten - wohin er seine Arbeiter mit der eigenen Schiffsflotte befördert.[28]

Zum Ausgleich für seine Konzession in Palermo dürfen palermitanische Bauherren auch in Catania, dem Stammsitz Costanzos, bauen. (Derzeit wird in ganz Sizilien gegen mehr als 50 Bauunternehmer wegen Auftragserpressung oder -erschleichung ermittelt. Der regionale Assessor für das Bauwesen, Angelo Russo, wurde in diesem Zusammenhang am 16. November 1982 festgenommen).

Carmelo Costanzo hat seine Finger aber auch noch in einem anderen lukrativen Geschäft: er ist Vizepräsident und Mehrheitsaktionär der »Banca popolare« in Catania.

Was uns zu einem weiteren wichtigen Bereich neuer Mafiaaktivitäten bringt. Auch hierin liegt einer der Gründe, warum Sizilien das wahre Paradies der internationalen organisierten Kriminalität geworden ist.

Das Eindringen in das Bankgeschäft

Die Entwicklung der sizilianischen Banken weist eine erstaunliche Tendenz auf. Während sich in ganz Italien (wie auch in der Bundesrepublik) der Hauptanteil aller Geschäfte auf die Großbanken konzentriert, wachsen und wachsen in Sizilien gerade die kleinen und kleinsten Geldinstitute nur so aus dem Boden - und erringen immer größere Anteile an den gesamten Aufträgen und Einlagen.

So verdreifachte sich zwischen 1970 und 1980 der jährliche Umsatz der »Banche popolari« und der »Banche privati« von 345 auf 1007 Milliarden Lire, während der der öffentlichen oder öffentlich-rechtlichen Großbanken im gleichen Zeitraum von 2280 auf 2028 Milliarden sank. Der relative Anteil an allen Bankeinlagen in Sizilien blieb bei den Großbanken mit 52 % stabil, stieg aber bei den kleinen privaten oder lokalen Geldinstituten von 1970 bis 1980 auf 27 %. Der Anteil der staatlichen »Cassa di Risparmio ›Vittorio Emanuele‹« sank von 30 % auf 21 % aller Einlagen.[29]

Eifrige Ökonomie-Fachleute haben nachgerechnet, was die Sizilianer nach den offiziellen Steuererklärungen jährlich verdienen und was am Ende bei den Banken an Einlagen landet; sie sind zu dem Ergebnis gekommen, daß es sich hier um eine Art Wunder von Kanaan handeln muß: die Depositen übersteigen die offiziellen Verdienste um ein Vielfaches. Arturo Gismoni, Wirtschafts-Spezialist der Zeitung »Paese sera«, behauptet denn auch zu Recht, daß nach diesen Zahlen in Sizilien soviel Geld wie nirgends in ganz Italien zirkuliert.[30]

Diese von den Fahndern »Narc-Lire« getauften illegalen Gelder kommen aber nicht der Masse der Sizilianer, sondern den wenigen Top-Mafiosi und den »Freunden der Freunde« zugute.

Die Banken spielen dabei die wesentlichste Rolle.

Eine der Bestimmungen des sizilianischen Autonomie-Statuts legt fest, daß dort Geldinstitute ohne Zustimmung und weitgehend ohne Kontrolle der Bank von Italien eröffnet und geführt werden können - die Erlaubnis des Regionalpräsidenten genügt. Die sizilianischen Regierungschefs haben sich, bis auf Piersanti Mattarella (der auch bald ermordet wurde) kaum je geweigert, die notwendige Erlaubnis zu geben, wenn Mafiosi oder mächtige lokale Magnaten darum nachsuchten.

Schon der Oldtimer Giuseppe Genco Russo hatte »seine« Bank, die Banca popolare di Mussomeli. Am Anfang war es vor allem darum gegangen, etwas von den immensen staatlichen Entwicklungs-Geldern für den Süden zu ergattern und durch das Bankgeschäft Machtpositionen zu besetzen. Auch heute herrscht mitunter noch eifriger Wettstreit bei den Politikern der Region, die »ihre« Leute in den Geldinstituten plazieren wollen: In den großen überörtlichen Geldinstituten und Gemeinschaftsfonds sitzen ausschließlich Gewährsleute der führenden Strömungen in der Democrazia cristiana: der Cassa di Risparmio, der Sparkasse Siziliens, steht Nino Muccioli vor, ein Mann des Europaabgeordneten Lima, den wir im Zusammenhang mit Ciancimino schon erwähnten; die ESPI, die »Ente siciliano per la promozione industriale«, etwa einer Kommerzbank gleich, wird von Nicolo Piazza präsidiert, der von Lima zusammen mit seinem Kollegen Gullotti auf diesen Posten gebracht wurde. Die Banco di Sicilia ist nicht ganz so frei wie die anderen und wird von Rom mitkontrolliert - aber dafür steht sie fast völlig unter dem Einfluß von Lima persönlich. Schließlich brauchte auch noch ein weiterer Exponent der DC, Attilio Ruffini, Ex-Minister und schon mehrfach in Mafia-Verdacht geraten, sein Haus-Institut: die »Ente minerario siciliano«, die die Bodenschatzerschließung zu fördern hat; ihr Präsident ist Giuseppe d'Angelo.[31]

Wenn auch »Nutzung« der nach Sizilien fließenden Gelder lange Zeit im Vordergrund stand - wichtiger wurden die kaum kontrollierten Banken noch, als die aufgrund ihrer phänomenalen Expansion plötzlich mit ungeheuren Geldmengen versehenen Mafiosi vor der Aufgabe standen, das illegal verdiente Geld zu legalisieren, um es dem Zugriff der Polizei zu entziehen. Dazu können die Banken wertvolle Hilfe leisten, wenn man sie selbst im Griff hat - selbst kleine Dorfsparkassen sind in der Lage, »heißes« Geld zu reinigen, solange das Bankgeheimnis für die Behörden tabu und die Rechenschaftspflicht gegenüber unabhängigen Nachprüfungen faktisch gleich Null ist. Sogar wenn bei Erpressungen oder Entführungs-Lösegeld die Serien-Nummern notiert wurden, half das nichts: auftauchende Scheine wurden von den sizilianischen Banken nach überallhin transferiert, und wenn die Polizei nachforschte, stellte sich heraus, daß angeblich das gesamte Geld von Unbekannten bar eingezahlt worden war, ohne daß es sich noch nachprüfen läßt, wer diese »Unbekannten« waren.

Nicht umsonst hatte sich der 1982 ermordete Präfekt Dalla Chiesa schon Ende der sechziger Jahre auffallend für die

Bankkonten und die Kreditgeschäfte verschiedener sizilianischer Großverdiener interessiert, und im Anti-Mafia-Gesetz, das Pio La Torre - im April 1982 ebenfalls ermordet - vorgeschlagen hatte, spielte die Lockerung des Bank-Geheimnisses und die Unterstellung sizilianischer Geldinstitute unter staatliche Kontrolle (bzw. unter die Nationalbank) eine zentrale Rolle; derzeit, nachdem die Gesetze endlich verabschiedet sind, werden Bank-Kontrollen von den Fahndern auch als wichtigster Hebel gegen mafiaverdächtige Firmen und Personen angewendet. Und so findet sich seit dem 16. 11. 1982, als der Haftbefehl gegen Costanzo erging, noch manch anderes Mitglied der »ehrenwerten« Bauherren, die der Staat zum »Ritter der Arbeit« ernannt hatte, unter dem Verdacht der kriminellen Einflußnahme auf öffentliche Dienststellen, etwa Mario Rendo mit seinen Söhnen, Gebieter über mehr als 4000 Bauarbeiter in Sizilien. Und dies alles ausgerechnet, nachdem die sizilianischen »Ritter der Arbeit« wenige Wochen vorher einen Sauberkeits- und Reinwaschkongreß in Palermo abgehalten und sich gegen die »Identifikation mit mafiosen Geschäften« verwahrt hatten, und nur vier Tage nach der »Antimafia«-Tagung der Democristiana, wo Salvo Lima öffentlich davon geschwärmt hatte, daß es »in Palermo niemals Mißbrauch öffentlicher Gelder gegeben habe«. Angeschuldigt werden in diesem Zusammenhang derzeit auch die fünf Mitglieder des Ausschusses für öffentliche Bauten, allesamt überaus »honorige« Leute - Pino Orlandi z. B., Generalsekretär der Region, also faktisch der Amtsvorsteher des Ministerpräsidenten Siziliens, der schon genannte Assessorats-Direktor Angelo Russo; Salvatore Biondo, kommunaler Baudezernent; Ciro Cicconelli, Architektur-Professor der Universität Rom; und Salvatore Sorce, Landesanwalt der Region Sizilien.

Eine Schlüsselrolle spielte bei all dem Filz die catanesische Filiale der Banca Agricola di Ragusa und deren Direktor, Salvatore Iaconinato, bei dem offenbar ein Gutteil der illegalen Gelder zusammenlief - eine Enthüllung, die eben erst die Lockerung des Bankgeheimnisses und die Überprüfung durch die Finanzbehörden im Rahmen der Anti-Mafia-Gesetze ermöglicht hatte.[32]

Im März 1981 filzten Fahnder der »Guardia di finanza« die
Villa eines Geschäftsmannes namens Licio Gelli in Arezzo.
Es ging um gewisse Geldgeschäfte. Aber die Polizisten fanden noch anderes: einige Geheimdokumente (»streng ver-
traulich«) und eine Liste mit 962 Namen. Mancher davon
kam den Beamten bekannt vor - sie gehörten amtierenden
Ministern der Regierung Forlani.

Es war eine Sprengladung. Denn die Liste war, wie sich
zeigte, ein Verzeichnis eines Geheimbundes namens »Propaganda 2«, abgekürzt »P2«.

Gelli, so die Erkenntnisse, war der Chef der Loge, und
seine Arbeit war überaus erfolgreich - nahezu alle Mitglieder
waren in hohe oder höchste Ämter vorgedrungen. Außer den
beiden amtierenden Ministern Foschi und Manca gab es noch
drei Staatssekretäre, 43 Abgeordnete aus Democristiana, so-
zialistischer und faschistischer Partei, und aus der sozialde-
mokratischen gehörte, neben anderen, der Parteichef Pietro
Longo dazu. Dann noch 43 Generäle, 161 andere Offiziere,
47 Industrielle, 14 Justiz-Beamte, 22 Top-Journalisten - und
wie es scheint, war die Liste nicht einmal vollständig.[33]

Mit von der Partie war auch ein gewisser Roberto Calvi,
einer aus der obersten Finanz-Spitze Italiens. Er hatte die
einst betuliche Mailänder »Banco Ambrosiano« zur größten
Privatbank Italiens gemacht, unzählige Tochterfirmen gegründet und sich gar in Großkonzerne wie Rizzoli (wozu u.
a. der »Corriere della sera« gehört) eingekauft. Meist wickelte
er, wie sich zeigte, seine Geschäfte über Briefkastenfirmen
ab, und zwar mit Hilfe eines unfehlbaren Partners: der IOR,
das bescheiden so genannte »Istituto per le Opere di Reli-
gione«, »Institut für religiöse Werke«, der Bank des Heiligen
Stuhles, des Vatikans.

Über das Finanzgebahren des Roberto Calvi vom Banco
Ambrosiano und des päpstlichen Finanzchefs, Erzbischof
Paul Casimir Marcinkus, vom Heiligen Religionswerk, kamen allerhand zwielichtige Sachen ans Licht - z. B. permaa-
nente »Persilscheine« für die Ende der siebziger Jahre ins

Trudeln geratene Ambrosius-Bank, die den Gläubigern mit Hilfe der - echten - Unterschrift des Erzbischofs vortäuschten, der Vatikan stehe voll und ganz hinter der Mailänder Bank.[34]

Wichtiger in unserem Zusammenhang aber ist, daß Roberto Calvi nicht nur mit dem Vatikan zu tun hatte, sondern auch mit Michele Sindona aus Sizilien.[35]

Der war Mitte der siebziger Jahre in die Schlagzeilen gekommen, als sein international aufgebautes Banken- und Spekulations-Imperium zusammenzukrachen begann. Um abzulenken, ließ sich Sindona 1979 sogar von einer Gang namens »anonimi sequestri« in New York »entführen« - mit dabei: der »Pfarrer der Mafia«, Agostino Coppola[36] -, flog dann nach Sizilien und suchte seine Geschäfte zu konsolidieren. Die Sache flog auf, Sindona entfloh den Italienern jedoch ein zweitesmal - wieder nach Amerika. Allerdings war er auch dort straffällig und verbüßt derzeit eine langjährige Zuchthausstrafe (25 Jahre wegen Betrugs).

Michele Sindona hatte sich in den sechziger Jahren ein ähnliches Imperium zusammengeschoben wie später Calvi - auch er in engem Kontakt mit dem Vatikan, dessen wichtiger Ratgeber er war, vor allem dafür verantwortlich, daß der Heilige Stuhl viele seiner Gelder aus Italien abzog und nach den Vereinigten Staaten transferierte (und so die italienische Krise zusätzlich beschleunigte). Sindona gehörte die »Banca privata italiana« in Mailand, die »Finabank« in Genf, er verfügte über die »Franklin-Bank« in New York (damals nach Umsatzstärke die Nr. 20 der USA) und noch manches mehr - wichtige Stellen für ganz andere Geschäfte. Denn wie die italienischen Behörden und die Staatsanwaltschaft nach dem betrügerischen Bankrott Sindonas 1974 in langwierigen Ermittlungen eindeutig bewiesen, dienten eben diese Banken und vor allem die dazugehörenden kleineren Institute in Sizilien vorwiegend dazu, die aus dem Rauschgifthandel und den Erpressungen durch die Mafia - und auch andere internationale Untergrundorganisationen - gewonnenen Gelder zu waschen und zur Neuanlage, etwa in Immobilien oder in Spekulationsobjekten, z. B. in Südamerika, bereitzustellen.[37]

Um Licht ins Dunkel zu bringen, suchte der Konkursverwalter, Giorgio Ambrosoli, die vielfältigen Verschachtelungen bei Sindonas Partnern zu entwirren - was ihm offenbar auch gelang, denn als er fast fertig war, wurde er im Juli 1979 von drei Killern erschossen. Auftraggeber für den (vielleicht nicht als Mord, sondern nur als »Einschüchterung« geplanten) Anschlag soll, nach einem am 5. April 1983 in New York veröffentlichten Tonband-Geständnis des ältesten Sindona-Sohnes Nino, der Bankier persönlich gewesen sein.

1969 hatten Sindona und Calvi einen Pakt geschlossen - Sindona ermöglichte Calvi das Entrée im Allerheiligsten des Vatikan, dem Finanzministerium, und Calvi sollte seinerseits mit den dann locker gemachten Papst-Geldern Sindonas Spekulationen und vor allem die Geldwäschereien seiner mafiosen Auftraggeber unterstützen.[38]

Das konnte natürlich zu politischen Verwicklungen führen, wenn etwa, wie geplant, Sindona in Großkonzerne im Chemie- oder Textilbereich einsteigen wollte und da mitunter auch auf Konkurrenten stieß, oder wenn er andere gewagte Manöver mit dem Ausland vorhatte. Darum traf es sich gut, daß auch der Großmeister der »Propaganda 2«-Loge, Licio Gelli, sich beteiligen wollte - Gelli konnte aufgrund seiner guten Beziehungen zu politischen und administrativen Spitzenleuten als wichtiger Flankenschutz eingesetzt werden, wenn es einmal brenzlig wurde, wenn man Pläne der Regierung frühzeitig auskundschaften oder Konkurrenten ausschalten mußte.

Die Zusammenarbeit klappte fünf Jahre glänzend, und die dabei verdienten Beträge waren für alle Beteiligten erheblich - für die Vermittlung und Unterstützung einer einzigen Transaktion zugunsten von Sindona bekamen Calvi und der Erzbischof Marcinkus z. B. sieben Millionen Dollar gutgeschrieben.

1974 traten Schwierigkeiten auf, als Sindona pleite ging. Calvi koppelte sich überraschend und erfolgreich von dem Bankrott ab und blieb mit seinem gesamten Imperium ungeschoren. Sindona sah darin aber wohl eine Verletzung der Allianz von 1969, und so bekam drei Jahre nach dem Bankkrach Sindonas Calvi plötzlich Ärger: in Mailands Bankenviertel klebten Plakate, die Calvis Schweizer Nummernkonten nebst aktuellem Kontostand auflisteten und auch den jeweiligen Transfer-Grund. Calvi ließ, mit Hilfe seiner Angestellten, die Anschläge schnell herunterreißen, aber kurz danach berichtete ein italienischer Enthüllungsjournalist noch weitere Details - aufgrund von Material, das ihm der (damals noch flüchtige) Sindona persönlich übergeben hatte. Zusätzlich bekam auch die italienische Bankenaufsicht ihr bislang unbekannte Informationen - 1978 sah sich schließlich die Staatsanwaltschaft veranlaßt, der Sache Calvi auf den Grund zu gehen.

Das Verfahren schleppte sich hin - wie mittlerweile bekannt, vor allem aufgrund der unschätzbaren Dienste, die der Logen-Bruder Gelli mit Hilfe seiner überall sitzenden Gefolgsleute leistete. Zuerst wurde der Staatsanwalt Emilio Alessandri erschossen, während er ermittelte (allerdings angeblich von Linksextremisten - wenn das stimmt, wäre auch hier eine brisante Verbindung zustandegekommen, aber die Sache ist nicht gesichert). Dann wurde sein Nachfolger nach einigen Monaten Einarbeitungszeit wieder versetzt, mit unhaltbaren Gründen; schließlich sah sich die Steuerfahndung angeblich nicht imstande, mitzuhelfen; und die Schweizer Banken hatten sowieso keine Lust, sich an derartigen Enthüllungen zu beteiligen.

Dennoch schien Licht ins Dunkel zu kommen, als Gellis P2-Unterlagen gefunden wurden. Im Mai 1981 wurde Calvi verhaftet, nach kurzem Prozeß zu vier Jahren verurteilt - und auf freien Fuß gesetzt, weil er Berufung einlegte. Danach brach hektische Aktivität beim »Ambrosius«-Stab aus, weil die Fahnder mittlerweile auch die internationalen Spuren, vor allem die in Südamerika, verfolgten - möglicherweise hatte Calvi damals die Geschäfte Sindonas weiterzuführen versucht, mit dem er sich 1978 in einem persönlichen Gespräch in New York versöhnt hatte.

Aber nun wurde die Sache offenbar allen zu heiß. Gelli hatte sich schon vor der Durchsuchung seiner Wohnung im März 1982 ins Ausland begeben (er wurde erst im September 1982 in der Schweiz wieder eingefangen, allerdings noch nicht an Italien ausgeliefert), ein Verbindungsmann namens Flavio Carboni, selbst mit über 200 Firmen ausgestattet und in mafiose Geschäfte verwickelt, wurde eingeschaltet und organisierte nun auch die Flucht Calvis über Österreich und die Schweiz nach London.[39] Und da fand man Calvi dann im Juni

1982 - erhängt, bis an die Knie im Wasser, die Taschen mit Mauersteinen beschwert. (Die englische Polizei hielt das bei einem Selbstmörder für ganz natürlich; erst ein Dreivierteljahr später wurde das Verfahren - als Mordsache - wieder aufgenommen).

Gleichzeitig stürzte sich, zweitausend Kilometer südlich davon, Calvis Privatsekretärin Graziella Corrocher aus dem vierten Stock des Banco Ambrosiano. Und wie sich erst später herausstellte, hatte ein Killer schon Wochen vorher versucht, den Vizepräsidenten der Bank, Roberto Rosone, zu er-

Der Mord an Salvatore Inzerillo

schießen - Rosone schwört darauf, daß dies noch eine Anordnung Calvis gewesen sei. Alles Indizien dafür, wie wichtig die Vertuschung der Affäre war.

Überraschend fingen Schweizer Behörden nacheinander Gelli und Carboni, letzterer wurde schon ausgeliefert; seither zittern in Italien so ziemlich alle, die in der Hochfinanz Spitzenpositionen innehaben.

Plötzlich bekannte sich dann auch einer zu dem ganzen Filz, den man schon fast vergessen hatte - der päpstliche Schatzmeister und Bankdirektor, Erzbischof Marcinkus, blies von einem Tag zum anderen alle Reisen ab (selbst die nach Spanien zur Vorbereitung des Papst-Besuches, was bisher immer Marcinkus' besondere Domäne gewesen war) - »aus Angst vor der Mafia«, wie die Kirche verlautbarte[40]: man wolle den geistlichen Herrn ermorden.

Insbesondere seit Gelli und Carboni wieder greifbar sind, wächst die Affäre - trotz deren beharrlichen Schweigens - in immer größere Dimensionen. Zuerst meldete sich der in den Vereinigten Staaten einsitzende Michele Sindona zu Wort und enthüllte, daß er nicht nur die Vatikan-Bankiers aus mancher Schwierigkeit befreit und mitunter vor dem Ruin bewahrt habe,[41] sondern daß er seine eigene derzeit desolate Lage vor allem den Linken verdanke, denn er sei stets einer der wichtigsten Kämpfer gegen den Kommunismus gewesen.[42] Was immer das auch heißen mochte - die Sache wurde konturierter, als sich bei der Untersuchung der Affäre Gelli Gerüchte verdichteten, daß der Logen-Obere und mancher Vertraute Mitarbeiter italienischer Geheimdienste gewesen seien.

Mafia-Sindona-Vatikan - Banco Ambrosiano - und jetzt auch noch die Geheimdienste?

Erschrocken machten die Parlamentarier der P2-Kommission die Türen dicht und vernahmen Polizeipräfekten und derzeitige sowie frühere Geheimdienstchefs.

Das Türe-Schließen wäre wohl unnötig gewesen. Denn zumindest die Verbindung von P2 und Sicherheitsdiensten war schon länger bekannt. Erstens waren ja in der Wohnung Gellis bei der Durchsuchung im März 1981 Geheimdienstdokumente gefunden worden, die dort nichts zu suchen hatten. Zweitens hatte sich, kurz danach, am 5. Juni 1982, der ehe-

malige Guardia-di-finanza-Oberstleutnant Angelo Russo erschossen, als er unter dem Verdacht einer Weitergabe von ge-
heimen Dokumenten an Gelli vernommen worden war - vor
seinem Tod hatte er »schweres Verschulden« zugegeben.
Auch die Chefs der beiden großen Geheimdienste, Grassini
(Vorsteher des SISDE, vergleichbar mit dem bundesdeutschen
Verfassungsschutz) und Santovito (Leiter des SISMI, militäri-
scher Abschirmdienst), mußten wegen P2-Zugehörigkeit
vom Dienst beurlaubt werden. Der Koordinator beider
Dienste, Walter Pelosi, trat von sich aus zurück.[43]

Vor dem P2-Ausschuß des Parlaments sagte Pelosi am 18.
11. 1982 aus, daß er 1979 Gelli als Informanten angeworben
habe. Für Gelli wiederum war offenbar keine längere Einlern-
zeit vonnöten gewesen - der Enthüllungs-Journalist Mino Pecorelli hatte schon 1979 behauptet, daß Gelli im 2. Weltkrieg
Doppelspion gewesen sei; eine Angabe, die vor allem dadurch
an Glaubwürdigkeit gewann, daß Pecorelli kurz nach seinem
Bericht über Gelli am 20. 3. 1979 ermordet wurde.

Vor der P2-Kommission bestätigte auch der römische Po-
lizeichef Cioppa, daß Gelli fest eingebauter »collaboratore«
des SISDE sei.[44]

Wesentlich interessanter aber sind die Fäden, die zwischen
mafiosen Gruppen, dem Banco Ambrosiano und dem internationalen Untergrundgeschäft verlaufen.

Seit 1980 verfolgt der Trientiner Ermittlungsrichter Carlo
Palermo ein gigantisches Schiebergeschäft - es geht um
Rauschgift und Waffen im Werte von mehreren Milliarden
Dollar.[45] Eingedrungen in den Riesendeal waren die oberitalienischen Fahnder, als sich das Hotel »Karinhall« in Matta-
rello nahe Trient als eine florierende Raffinerie für Rausch-
gift-Rohmaterial entpuppte. Bei Razzien wurden dort und in
einer anderen Villa über 100 Kilo Heroin und Morphin sichergestellt; allein dies hatte einen Wert von über 100 Millionen DM. Besitzer des Hotel »Karinhall« war ein gewisser
Karl Kofler - der in der Untersuchungshaft auf ungewöhnli-
che Weise »Selbstmord« (offizielle Todesursache) beging: er
erhängte sich zuerst und stach sich danach noch ein Messer
durch die Brust. - Eigentümer der Villa, in der die Polizei
ebenfalls große Mengen Drogen beschlagnahmte, war Her-
bert Oberhofer - den italienischen Sicherheitsdiensten noch

114

aus der Zeit des südtiroler Terrorismus als Zuträger (und ansonsten als Schmuggler) bekannt. Er ist derzeit flüchtig; seine Familie allerdings beteuert seine Unschuld bis heute.

Der Weg des Rauschgifts bis nach Trient konnte rekonstruiert werden - er verläuft zum großen Teil auf der »Sicilian connection«, d. h. über Palermo bzw. Catania zum italienischen Festland, über Gioia Tauro und Neapel (wo z. B. am 22. Dezember 1982 Kokain im Wert von fünf Milliarden Lire - 100 Millionen DM - beschlagnahmt wurde), und zum Teil auf der Balkan-Linie mit Terminal in Triest.

Vieles wies auf Mailand als Steuer-Zentrale hin, und so setzte der Ermittlungsrichter auch dort umfangreiche Recherchen in Gang - mit dem Erfolg, daß in der lombardischen Hauptstadt der blühendste Ableger palermitanischer Mafia-Clans auf dem Festland aufgedeckt werden konnte. Im Mittelpunkt der Affäre steht Gerlando Alberti - sozusagen festländischer Dépendance-Leiter der »ehrenwerten Gesellschaft«. Gerlando Alberti gehört zu den Mitarbeitern der »siegreichen« Clans in Palermo, vor allem zu der Familie der »Corleonesi«, zu deren Oberhäuptern auch Luciano Liggio zählt.

Luciano Liggio selbst hatte einst diese oberitalienische Mafia-Filiale eingerichtet. 1969, als er wegen verschiedener Gewalttaten gesucht wurde, war er nach Mailand geflohen und hatte die »Firma« dort mit großem Erfolg organisiert. Als er am 16. Mai 1974 in Mailand verhaftet und bald danach zu lebenslanger Haft verurteilt wurde, übernahm Gerlando Alberti die Filiale - auch er im Untergrund, da er ebenso wie Liggio wegen vieler Verbrechen gesucht wurde. Er ist der Dreh- und Angelpunkt der trientiner Ermittlungen - neben ihm taucht aber auch manch anderer illustrer Name des »primo piano« mafioser Geschäfte auf, so etwa Matteo Buccola, Rosario D'Agostino, Nicolò Puccio, Benedetto Merceno. Insgesamt hat Carlo Palermo derzeit Ermittlungen gegen mehr als 40 Mitglieder des sizilianischen Rauschgift-Monopols und mehr als 200 »sonstige« Zuarbeiter aufgenommen.

Dabei hat sich herausgestellt, daß es nicht nur um Rauschgift geht.

Im Zuge der Ermittlungen war unter anderem aufgefallen, daß trotz des immensen Wertes der Drogen in der oberitalienischen Mafia-Filiale stets kaum bares Geld floß; ebenso fehlten weitgehend die sonst beobachteten Vorgänge des »Geldwaschens«.

Das Rätsel löste sich, als die Fahnder auf ein Haus in Mailand stießen, in dem eine Firma STIBAM International Transports residierte. Denn dort wurden, wie sich herausstellte, illegale Waffengeschäfte abgewickelt – in der (bisher ermittelten) Höhe von mindestens 2,5 Milliarden Dollar.

In diesen Waffengeschäften steckten die Einnahmen der Rauschgifthändler. Die Waffen gingen zu einem großen Teil in den Vorderen Orient – von woher eben das Rauschgift gekommen war.

Natürlich verlief das nicht direkt nach dem Prinzip »Rauschgift gegen Waffen«. Im einzelnen konnten die Behörden folgende Vorgänge ermitteln:

- Angefangen hatte es bescheiden 1977, noch in einem Mailänder Hotel, mit 1000 Pistolen Marke Browning und Beretta.
- In Fahrt kam die Sache dann, als sich ein Syrer namens Henry Arsan einschaltete.
- Seither werden vor allem aus Spanien, aber auch aus der Schweiz, der Bundesrepublik, den USA Waffen aller Art in den Vorderen Orient – Libanon, Syrien, Türkei, aber auch nach Griechenland, nach Afrika, nach Südamerika – vermittelt.
- Die wichtigste Schieber-Linie verläuft offenbar derzeit über Bulgarien, wohin die STIBAM die allerbesten Beziehungen hat.
- Verhandelt werden – neben den Oldtimern Revolver, Gewehre und, fast schon nostalgisch, Maschinenpistolen – auch: Bomben, Granaten, Panzer (Typ Leopard, Hersteller Bundesrepublik Deutschland) und Helikopter (Typ Cobra, Herstellungsland USA). Die Panzer und Helikopter stammen zum Teil aus sogenannten Schrottbeständen, also Waffen, die an sich eingeschmolzen werden sollen, aber auf unerklärliche Weise abhanden kommen.
- Länder, die auf diese Weise Waffen ankaufen – oder, wie Bulgarien,[46] unter Provisions-Annahme durchlassen – ermöglichen in aller Regel auch einen möglichst reibungslosen Fluß der im Westen gefragten Rauschgifte durch ihr Land.

Politische Verflechtung: der Logenmeister der »Propaganda 2«, Licio Gelli (links), mit der grauen Eminenz der DC, Giulio Andreotti

- Die eingehenden Gelder werden international »diversifiziert« - in die Schweiz, die Bundesrepublik, Österreich, USA . . .

Aber den Fahndern in Oberitalien kam bei ihrer Filzung der Firma STIBAM noch etwas anderes zu Gesicht - der Mietvertrag für ihre Geschäftsräume. Eigentümer des Hauses: Banco Ambrosiano.

Und während sich mittlerweile erwiesen hat, daß die Ambrosius-Bank bei einer 16 %-Beteiligung des Vatikans mit der STIBAM eng liiert war, steuerten die Hinterbliebenen des erhängten Ambrosius-Chefs Calvi weitere Verdächtigungen bei (gegen die sich ein »Chor von Dementis« - so »La Repubblica«[47] - erhob): nicht nur, daß Spitzen-Politiker wie Giulio Andreotti (Frau Calvi: »Der wahre Chef der P2«), DC, und Bettino Craxi, PS, alle Hebel in Bewegung gesetzt hatten, um seinerzeit Calvi nach seiner Inhaftierung freizubekommen und den Skandal zu vertuschen; darüberhinaus seien, so die Calvis, die Manöver hinter den Kulissen noch von einem gewissen Francesco Pazienza koordiniert worden, der sowohl Mitarbeiter italienischer Geheimdienste wie des amerikanischen CIA sei - in derart hoher Stellung, daß er, im Beisein der Calvis, dem Erzbischof Marcinkus Befehle erteilt habe.[48]

Vieles bestätigte sich. Pazienza wie Marcinkus dementieren zwar eine CIA-Mitgliedschaft, nicht aber die genannte Verbindung mit den Calvis und die von ihnen berichteten Manöver der Spitzenpolitiker. Es wäre wohl auch schwer gewesen, da noch viel vertuschen zu wollen. Am 23. November 1982 kam nämlich überdies brisante Ladung in Rom an: Die Materialien, die die amerikanischen Behörden über die Sindona-Calvi-Aktivitäten schon in der ersten Hälfte der siebziger Jahre zu sammeln begonnen hatten und die bisher geheim geblieben waren, weil 1974 der in den Watergate-Skandal verwickelte Präsident Richard Nixon die weiteren Ermittlungen über Verbindungen zwischen Vatikan und Mafia verhindert und zum Top-Sekret erklärt hatte (wie heute der damalige Ermittler Joseph Coffey vom FBI berichtet):[49] Diese Materialien erhärteten so ziemlich alles, was die Witwe und die Kinder des umgekommenen Roberto Calvi der P2-Kommission und auch den Medien berichtet hatten.

Man könnte noch zahlreiche Kapitel über weitergehende Spekulationen und erwiesene Tatsachen der Verfilzung von Spitzenpolitik, Hochfinanz, Geheimdiensten und Mafia anhängen. Da es in diesem Buch aber vorwiegend um den internen Transformationsprozeß geht, den die sizilianischen Mafia-Gruppen heute durchmachen, sollte hier lediglich in großen Umrissen (und vor allem nur im Bereich des wirklich Bewiesenen) die immense Ausweitung angedeutet werden, die die mafiosen Beziehungen und Interessen heute erfahren.

Dies vor allem, um das Verständnis dafür vorzubereiten, warum die »ehrenwerte Firma« derzeit mehr denn je zu einem Komplex aus äußerst zerbrechlichen und gefährdeten Konstruktionen geworden ist.

Die Krise

Trotz der insgesamt »erfreulichen« Entwicklung der mafiosen Geschäfte befindet sich die »ehrenwerte Firma« seit vier, fünf Jahren in der wohl schwersten Krise ihrer Geschichte. Und es ist beileibe keine »Wachstumskrise«.[1] Im Gegenteil.

Die Gelder fließen heute mehr denn je, die Märkte für den Absatz von Rauschgift und Waffen sind weiter expansiv, die Vergabe öffentlicher Gelder im italienischen Süden ist von den Sparmaßnahmen auf nationaler Ebene kaum betroffen; selbst der mittlerweile im Verhältnis zu den anderen Branchen nur noch kleine Zweig der Entführung und Erpressung geht keineswegs zurück.

Tatsächlich handelt es sich um eine Transformationskrise, die sowohl die Struktur wie auch das Selbstbild und das öffentliche Image der mafiosen Personen und Geschäftsbereiche betrifft; eine Krise, von der noch keineswegs sicher ist, ob sie nicht das Ende der sizilianischen Mafia einleitet.

Eine Reihe von Entwicklungen hat die Krise ausgelöst.

Der Zusammenbruch der
traditionellen politischen Herrschaftsträger

Die enge Verbindung von mafiosen Personen und politischer Macht im Nachkriegsitalien war vor allem deshalb möglich, weil die ersten Jahrzehnte dieser Periode nahezu ausschließlich von einer einzigen politischen und ideologischen Kraft bestimmt wurden: politisch von der Democrazia cristiana, ideologisch von der katholischen Kirche - was oft genug nahtlos ineinander überlief.

Zwar hatten die allerersten Jahre nach dem Krieg auch die Beteiligung der Kommunisten an der Regierung gebracht;

diese antifaschistische Allianz war aber schon 1947 zerbrochen, und im aufkommenden Antikommunismus hatte es die Democristiana verstanden, sowohl die ansehnliche Arbeiterbewegung wie auch alle anderen konkurrierenden Strömungen entweder zu integrieren (wie den Monarchismus und den sizilianischen Separatismus) oder trotz ihres guten Drittels an Wählerstimmen von der Regierung auszuschließen (wie die Sozialisten und die Kommunisten).

Für die Mafiosi war es damit leicht, bei den römischen Politikern Freund und Feind auseinanderzuhalten, und da sich die Sizilianer schon bald als Wählerbeschaffungsdienste profiliert hatten, konnten sie über ihre Abgeordneten auch innerhalb der DC eine wichtige Rolle einnehmen.

Salvo Limas Verbindungen zu mafiosen Gruppen waren schon der Anti-Mafia-Kommission aufgefallen: der Bericht der Ausschuß-Mehrheit suchte ihn weitgehend auszuklammern, die Minderheits-Rapporte beschäftigen sich ausführlich mit ihm; auch Dalla Chiesa hatte ihn im Visier, wie seine Berichte an die Kommission bezeugen. Dieser Salvo Lima bringt, wie schon erwähnt, noch heute ein gutes Viertel der Delegiertenstimmen für die nationalen Kongresse der DC mit; innerhalb der katholischen Groß-Partei ist der Einfluß der Sizilianer also durchaus geblieben. Aber die Bedeutung der DC selbst hat abgenommen - und das brachte mittlerweile die mafiosen Geschäfte in gewisse Turbulenzen.

Bereits 1958 hatte sich ein Teil der sizilianischen DC-Katholiken selbständig gemacht und mit nahezu allen anderen Insel-Parteien (auch der PCI) unter dem dann von der DC verstoßenen Abgeordneten Silvio Milazzo eine Regierung gebildet, die ausgeprägten Anti-Mafia-Charakter hatte (z. B. erstmals eine öffentliche Auftrags-Bilanz vorlegte); 1960 wurde diese Koalition von der DC gesprengt. Doch dann entstand 1962 in Rom die erste Mitte-Links-Koalition aus Christdemokraten und Nenni-Sozialisten; seither hatten dort auch Gewerkschaften - traditionell überwiegend massive Gegner der Mafiosi - das Sagen. Außerdem mußte in Rom nach und nach der wachsende Einfluß der Kommunisten - mit gelegentlich bis zu einem Drittel aller Wählerstimmen auf nationaler Ebene und bis zu 40 % in regionalen Parlamenten - integriert werden.

In Sizilien selbst änderte sich, was die DC-Hegemonie betrifft, in den sechziger Jahren noch relativ wenig - die wichtigsten Ämter waren langfristig besetzt, die Wahlmanipulation klappte noch immer, die Gelder aus Rom flossen weiterhin, und deren Vergabe lag, wie bisher, bei den sizilianischen Behörden und Regionalfürsten.

Erst in den siebziger Jahren änderte sich dies nach und nach. Denn in Rom und auf nationaler Ebene war allerhand passiert. Die DC hatte sich allmählich in einen reaktionären Flügel mit starker Verbindung zur Schwerindustrie und einen progressiven mit der Tendenz zur Öffnung gegenüber den Kommunisten gespalten; der Terrorismus der Neofaschisten und der Roten Brigaden war ausgebrochen, eine schwere Wirtschaftskrise mit hoher Inflation und Arbeitslosigkeit hatte sich entwickelt. Die Parteien lockten Wähler durch Versprechen (vor allem seit Mitte der siebziger Jahre), das Land wieder »regierbar« zu machen. Geheimdienste und Polizeistellen erhielten Sondervollmachten. Die Forderung nach mehr »Recht und Ordnung« ging besonders seit der Ermordung Aldo Moros durch das Land - und erfaßte auch Gebiete, deren Grauzone bisher die Mafiosi für sich beansprucht hatten.

Morde, selbst die clan-internen, wurden mehr und mehr als allgemeines gesellschaftliches Übel interpretiert,[2] Filz von Hochfinanz, Politik und organisiertem Verbrechen aufgedeckt und zur Bekämpfung quasi »freigegeben«.

Möglich, daß zunächst so mancher »Ehrenwerte« die Sache nicht ganz ernst nahm. Rhetorische Pflichtübungen hatte es schließlich schon immer gegeben. Aber bald zeigten sich auch »beunruhigende« Signale für die mafiosen Geschäfte.

Auf nationaler Ebene rückte Dalla Chiesa zum obersten Terrorismus-Bekämpfer auf - ein Mann, den viele Mafiosi aus seiner Zeit in Sizilien noch in unangenehmer Erinnerung hatten; der Carabinieri-General hatte auch bald eindrucksvolle Erfolge mit neuen Methoden der Fahndung.[3] Dazu wurden in ganz Italien bisher immune Bereiche des Finanzlebens ihrer Honorigkeit beraubt - 1979 kamen der Notenbankdirektor und sein Stellvertreter wegen Unregelmäßigkeiten in der Amtsführung ins Gerede, kurz darauf wurden 38 amtierende oder ehemalige Sparkassendirektoren festgenommen[4] - wegen Unterschlagung, Vorteilsnahme, Amtsmißbrauch. Auch wenn am Ende nicht viel an Verurteilung dabei herauskam (der Untersuchungsrichter Alibrandi, der die Sache angeführt hatte, galt politisch als extrem rechts) - die Inhaber großer Konten mit illegalen Geldern waren jedenfalls vorgewarnt.

Dann wurden auch die wichtigsten Stellen zur Verbrechensbekämpfung in Sizilien mit Personen besetzt, die entweder überhaupt nicht in der DC waren oder sich innerhalb der Christdemokraten links profilierten und eine Zusammenarbeit mit den »Ehrenwerten« verweigerten, wie der 1980 ermordete Ministerpräsident der Insel, Piersanti Mattarella.[5] Der Chef des Überfallkommandos sowie Polizei-Vizechefs Boris Giuliano und sein Carabinieri-Kollege Giuseppe Russo verfolgten offen die Rauschgiftfährten. Der DC-Parteisekretär Michele Reina kritisierte, ganz gegen die Gewohnheiten seiner Partei, die Praktiken bei der Vergabe öffentlicher Aufträge; der Generalstaatsanwalt Gaetano Costa überprüfte Sparkassen und Banken, um illegaler Gelder habhaft zu werden. Der Richter Cesare Terranova brachte die römische Anti-Mafia-Kommission derart auf Trab, daß binnen kürzester Zeit 114 einflußreiche Sizilianer als Mafiosi angeklagt wurden. Und der kommunistische Abgeordnete Pio La Torre legte einen Anti-Mafia-Gesetz-Entwurf vor, der schon für passive Unterstützung Strafen von sechs Jahren vorsah und vor allem das Bankgeheimnis lockern sollte.

Neu war auch, daß sich die Ermittler meist nicht mehr einschüchtern ließen, wenn man einen der ihren anschoß oder umbrachte. Der Nachfolger des ermordeten Boris Giuliano, Emanuele Basile, arbeitete z. B. genau dort weiter, wo sein Vorgänger aufgehört hatte.

Die »Ehrenwerten« fürchteten, die Kontrolle endgültig zu verlieren.

Das Aussterben der alten »capi«

Auch innerhalb der Mafia hatte sich Entscheidendes verändert.

In den sechziger und siebziger Jahren starben allmählich all jene Führungsfiguren aus, die bisher - trotz des Hangs der cos-

che und Clans zur Autonomie - eine wenigstens einigermaßen funktionierende Koordination im Erscheinungsbild der
»ehrenwerten Gesellschaft« garantiert hatten. So lebt heute
z. B. kein einziger der von Michele Pantaleone in seinem 1968
erschienenen Buch »Mafia e droga« beschriebenen »capi delle
gang di Palermo« mehr - als letzte starben 1975 Vincenzo
Rimi, 1980 Salvatore Zizzi, 1981 (durch Mord in Amerika)
Angelo Bruno. Giuseppe Genco Russo verschied 1976, aber
selbst er hat in seinen letzten Jahren keinerlei überörtliche
Macht mehr besessen, obwohl er überall als der Nachfolger
Calogero Vizzinis als »capo dei capi« bezeichnet wurde; von
den amerikanischen Remigranten starb 1982 als letzter Frank
»Threefinger« Coppola, mit 82 Jahren in Pomezia bei Rom.

Den alten »Paten« gab es in den siebziger Jahren schon
nicht mehr. Die Übergabe der Ämter an Jüngere, wie z. B.
1977 von Rosario Di Maggio an Salvatore »Totò« Inzerillo,
klappte faktisch nirgends - kaum waren die Alten abgetreten,
fielen konkurrierende Gangs und manchmal die eigenen Verwandten über die designierten Nachfolger und deren Familien her. Die Inzerillo-Familie des »Toto« wurde, wir werden
darauf zurückkommen, nach wenigen Jahren innerhalb von
ein paar Monaten von nahezu allen männlichen Nachkommen »gesäubert«, einschließlich des Clan-Führers Salvatore.

Offenbar hat sich das alte System der »capi« nicht dauer-
haft vom Land auf die Stadt übertragen lassen. Es wurde lediglich so lange respektiert, wie die ehemals berühmten und
berüchtigten Mafiosi noch lebten. Sogar energische Typen
wie Luciano Liggio waren trotz vieler mafioser »Heldenta-
ten« nicht mehr vergleichbar mit einem Don Calò Vizzini
oder einem Genco Russo - Liggio wurde nur mehr gefürch-
tet, das *Ansehen* eines »Mafia-capo« hat er nie erreicht.

So verbergen sich heute die führenden Mitglieder der Clans
hinter den legalen Geschäften ihrer eingetragenen Firmen,
und man spricht, wie schon oben erwähnt, nicht mehr von
diesem oder jenem Mafioso, sondern »den« Greco, »den« Badalamenti, »den« Marchese usw. Oder man gibt ihnen Be-
zeichnungen, die nur mit ihrem Herkunfts- oder Herr-
schaftsgebiet zusammenhängen. Die Anonymität ist von
grundlegender Bedeutung geworden.

Die bereits beschriebene Internationalisierung ist eine äußerst ambivalente und für die interne Struktur der sizilianischen Mafia-Clans nicht ungefährliche Angelegenheit.

Einerseits ist sie grundnotwendig. Ganz im Sinne kapitalistischer Profitmaximierung muß jeder Clan und jeder mafiose Geschäftsmann danach trachten, seine Umsätze zu steigern, seine Tätigkeitsbereiche zu expandieren und zu diversifizieren. Das bedeutet einerseits ständig neue Investitionen, andererseits den Konkurrenzkampf zu anderen, die auch an das Geschäft heranwollen.

Der Punkt, an dem die Durchsetzungskraft eines einzelnen Clans nicht mehr ausreicht, um sich zu behaupten, scheint in den meisten mafiosen Geschäftsbereichen in den siebziger Jahren eingetreten zu sein. Jedenfalls ist von hier an die weitgehende Internationalisierung der Geschäfte am deutlichsten zu beobachten. Zwar hatte es auch schon in den sechziger Jahren immer wieder Treffen von amerikanischen und sizilianischen Organisierten gegeben - die Anti-Mafia-Kommission in Rom und die Anti-Drogen-Kommission in Amerika haben Dutzende solcher Treffen ermittelt (und Pantaleone hat sie ausführlich beschrieben)[6] -; aber allem Anschein nach ging es hier noch um eine recht klare und einfache »do ut des«-Beziehung. D. h. die amerikanischen »cosa-nostra«-Bosse behandelten ihre sizilianischen Partner wie gleichberechtigte, weitgehend unabhängige Geschäftsleute, man organisierte arbeitsteilig den Ankauf, den Transport, den Verkauf und die Verteilung unterschiedlicher Schmuggelware (Zigaretten, Alkohol, Rauschgift).

Die enorme Expansion des Rauschgiftgeschäftes nach dem Zerschlagen der »French Connection« seit 1972 und insbesondere der Einstieg in das internationale Waffengeschäft machten jedoch ein Denken in völlig anderen Dimensionen und Risiken notwendig. Amerika-Sizilien, das war noch eine klare, auf der Landkarte nachvollziehbare Linie gewesen. Gefährliche Klippen waren eindeutig: die Ware konnte in Amerika oder in Italien geschnappt werden, mit oder ohne Kurier, beim Zoll oder auf See.

Die nun angestrebte internationale Beherrschung des Rauschgifthandels erforderte eine ganz andere , unbekannte Geographie. Es ist unmöglich, die Ware etwa mit eigenen Schiffen abzuholen und in Sicherheit zu bringen - wie es im Verkehr Amerika-Sizilien üblich war -: sie muß in einem fernen Land gekauft, über verschlungene Pfade an die Küsten oder Flugplätze gebracht, in schwierigen Manipulationen deklariert oder eingeschmuggelt werden; und beim rentabelsten aller Rauschgifthändel, dem mit Roh-Morphinen, muß auch noch die Veredelung bzw. Raffinierung organisiert werden.

Gigantische Unternehmensketten sind dafür nötig, und man muß sich völlig auf die Zulieferer und Gewährsleute in anderen Ländern verlassen. Waren in Amerika die Bosse der »cosa nostra« fast ausschließlich sizilianischer oder zumindest italienischer Abstammung, so geht es nun darum, sich auch mit Ausländern zu arrangieren.

Gerade einer der wichtigsten Aspekte mafiosen Verhaltens, der Zusammenhalt der Bluts-Familien und der Verwandten, der den Verband der cosca oder des Clans nach außen abgedichtet hatte, geht damit weitgehend verloren.

Den unterschiedlich Beteiligten ist heute der Gedanke einer sozial verankerten »omertà« völlig fremd. Es zählt nur noch das reine Geschäft. Bei Komplikationen koppelt sich der Partner eben ab - er hat keine weiteren Bindungen an den früheren Geschäftsfreund. Ein Denken, das dem Mafia-Clan zumindest im Rahmen der Verwandtschaftsbeziehung völlig fremd war (auch wenn, wie Franchetti schon 1925[7] erkannt hatte, innerhalb eines Clans die untersten Glieder am Ende auch durch die »omertà« kaum geschützt waren).

Außer dieser Aufweichung und Auflösung mafioser Grund-Beziehungen ist noch ein weiterer Aspekt äußerst gefährlich für die sizilianischen Mafiosi: der wachsende Einfluß ausländischer Interessen im eigenen Revier.

Es kann nicht ausbleiben, daß sich durch die Internationalisierung auch außerhalb Siziliens wichtige Drahtzieher etablieren, die nach und nach auch Herrschaftsbereiche besetzen, die bisher zumindest für Sizilien die einheimischen capi für sich beansprucht hatten. Kenner der Szene wie Arturo Gismondi behaupten, ein wesentlicher Teil der sichtbar gewordenen Veränderungen im Verhalten sizilianischer Mafiosi sei direkt oder indirekt auf den Einfluß oder gar die Intervention ausländischer Größen des organisierten Verbrechens zurückzuführen. Der Mafiologe und Präsident des Richterverbandes Italiens, Beria d'Argentine, glaubt z. B., daß der Mord am Präfekten Dalla Chiesa keinesfalls auf bloße innersizilianische Initiative zurückgeht, sondern entweder von »draußen« befohlen oder zumindest in Absprache mit dem »internationalen Geschäft« durchgeführt wurde.[8]

Gegen diese These werden auch Vorbehalte geäußert - so von Nando Dalla Chiesa oder Pino Arlacchi. Der wichtigste lautet: bis heute, jedenfalls, sind die originär sizilianischen Mafiosi infolge ihres immensen Reichtums noch immer in der Lage, den internationalen Ringen ihre Bedingungen zu diktieren. Tatsächlich haben Untersuchungen amerikanischer Wissenschaftler in den sechziger und siebziger Jahren ergeben, daß die amerikanischen Bosse und ihre »Firmen« zwar zu beneidenswerten Einkünften und Reichtümern kamen - daß sie aber, im Vergleich zu den in Sizilien angehäuften Finanzmitteln einzelner cosche letztlich sehr bescheiden dastehen. Selbst die berühmtesten Bosse der »cosa nostra« wie Frank Costello kamen kaum über ein Vermögen von fünf Millionen Dollar hinaus, und zu Beginn der siebziger Jahre war das Gesamtvermögen der reichsten New Yorker »Familien« noch nicht höher als um die 15 Millionen Dollar.[9]

Man vergleiche damit die erwähnten 40 Millionen DM - ca. 18 Millionen Dollar -, die Salvatore Inzerillo und Stefano Bontade aus der Gemeinschaftskasse der sizilianischen Clans für ein »kleines« Extra-Geschäft abzuzweigen vermocht hatten.

Die internationalen Verflechtungen der mafiosen Gruppen Siziliens bedingen jedoch Rücksichtnahmen und äußere Einflüsse, die es bisher nicht oder nur kaum gegeben hatte. Sicherlich ist die Spekulation mancher Ermittler im Falle Dalla Chiesa nicht abwegig, daß der Mord an diesem international gefürchteten Gangster-Fänger vor allem eine »vertrauensbildende« Maßnahme war, um den internationalen Linien zu zeigen, wie schnell und zuverlässig die sizilianischen Geschäftsleute auch starke Gegner zu beseitigen vermögen.

Andererseits gibt es auch Anzeichen von Nervosität innerhalb der sizilianischen »Firmen«: so die massierten gegenseitigen Ausrottungskämpfe.

Der Kampf um Marktanteile und die Clankriege als Konsequenz der Strukturkrise

Im Jahre 1982 wurden in Sizilien mehr als 300 Menschen bei mafiosen Gewalttaten umgebracht; zu 95 % gehörten sie selbst einer cosca an. Zirka 150 Menschen sind verschwunden - die meisten unter Umständen, die ebenfalls auf Ermordung schließen lassen.

In Neapel liegen die Dinge ähnlich.

Der Grund für diese Explosion der Gewalt (eine Zunahme gegenüber 1980 z. B. von mehr als 200 %!) liegt in dem Versuch sizilianischer und unteritalienischer Clans, eine Reihe illegaler Erwerbszweige faktisch zu monopolisieren. Und so verschieden Mafia und Camorra hinsichtlich ihrer Struktur ansonsten sein mögen: in den Mitteln hat sich mafioses Verhalten mittlerweile stark den bei den Camorra-Gangs üblichen Formen angenähert. Die traditionelle Fiktion, legale Ziele anzusteuern, wenn auch mit illegalen Mitteln, wurde mit dem Vordringen im Rauschgiftgeschäft von den mafiosen Gruppen aufgegeben - hier geht es nicht mehr, wie etwa bei den öffentlichen Bauten oder dem (fiktiven) Schutz, um legale Tätigkeiten, hier ist bereits das Ziel kriminell. Die Fehden zwischen den Mafia-Clans haben daher auch nicht mehr den Charakter von Ehrenhändeln. Sie sind reiner geschäftlicher Machtkampf geworden.

Die sizilianischen Clan-Kriege

Wie sehr sich die »Geschäftsgebaren« umgewandelt haben, zeigt sich, wenn man die derzeitigen Untergrund-Kämpfe mit den Familien-Racheakten der vergangenen Jahrzehnte vergleicht. Michele Pantaleone schildert dies z. B. sehr pla-

127

stisch hinsichtlich der »vendetta« zwischen der Familie Greco und der großen Agrar-Mafia-Gruppe um die Arnone.[1]

Die beiden Clans aus dem Umfeld von Palermo erschossen in einer gewissen Regelmäßigkeit seit 1939 gegenseitig einzelne männliche Mitglieder. Die Ursache des ersten Mordes ist nicht mehr feststellbar; aber es dauerte doch ein Jahr, bis die »beleidigten« Greco einen der Arnone umbrachten. 1943 setzte sich der Kampf fort, es starben zwei weitere Arnone, bis 1945 wieder ein Greco umkam. 1947 beschossen sich mehrere Mitglieder (auch Frauen) aus beiden Clans, was zwei Arnone das Leben kostete und noch im selben Jahr im Gegenzug bei den Greco wieder ein Opfer forderte. Damit waren die Arnone jedoch stärker dezimiert als die Greco - und da eine vendetta erst als beendet gilt, wenn alle männlichen Mitglieder einer Familie tot sind, mußten sich die Arnone nach Bundesgenossen umsehen. Sie fanden die Piparresi und die Di Peri, die ihrerseits noch andere Familien, wie die Cottone, mit einbrachten. Mit einemmal schien die Sache wieder offen zu sein, und die Schießereien begannen von neuem, auch Nicht-Familienmitglieder, Mitläufer, wurden einbezogen. 1956 brachte einer der neuen Arnone-Helfer einen Friedensvertrag zustande, wobei als Besiegelung der Versöhnung sein Sohn eine Greco-Tochter heiratete. Der Friede hielt nicht lange, der Vermittler wurde selbst getötet. Die Kämpfe zogen sich darauf noch lange hin. Bemerkenswert aber immerhin: in mehr als zwei Jahrzehnten kamen insgesamt kaum zwei Dutzend Personen aus beiden Familien zu Tode. Heute geschieht solches mitunter in weniger als einem Jahr.

Die Ausrottung ganzer Familien: Inzerillo und Di Peri

Nun ging es natürlich auch schon bei den traditionellen Mafia-Fehden nicht nur um die Rache für vergossenes Blut. Bei den Kämpfen der Greco und Arnone spielte auch die Beherrschung der grünen Märkte in Westsizilien eine große Rolle; aber der Kampf wurde wenigstens noch ideologisch mit der Pflicht zur »vendetta« bemäntelt.

Das ist heute vorbei. Der Familie Inzerillo z. B. wurden praktisch innerhalb von neun Monaten alle männlichen Mitglieder der Familie getötet oder in meist außereuropäische Verstecke getrieben.

Dabei sollte eigentlich Salvatore Inzerillo die Nachfolge des letzten überregional anerkannten Mafia-capo, Rosario Di Maggio, antreten; die amerikanischen Geschäftspartner, wie Charles Gambino, hatten ebenfalls eingewilligt. Innerhalb Palermos konnte sich der Inzerillo-Clan auf die Geldmagnaten vom Schlage eines Rosario und Vincenzo Spatola stützen, was wiederum große Aussichten infolge der Verbindung zum (damals noch nicht eingesperrten) Michele Sindona eröffnete.

Salvatore Inzerillo, bei seiner Designation durch Di Maggio dreiunddreißig Jahre alt, war nicht nur ein skrupelloser Mafioso, sondern vor allem ein cleverer Geschäftsmann, der die Praktiken moderner Unternehmensleitung perfekt beherrschte. Ihm schwebte eine Art Super-Clan mit weltweiter Herrschaft vor. Neben Sizilien sollte vor allem in den USA und in Südamerika eine Stütze für die internationalen Geschäfte entstehen: Atlantic City war ausersehen, ein zweites Las Vegas zu werden - Hunderte von Grundstücken, Miethäusern, Casinos wurden angekauft. In Südamerika arbeitete vor allem der den italienischen Behörden entkommene Tommaso Buscetta für die Inzerillo; er legte die Gelder in Grundstücksspekulationen an.

Das Elektronik-Zeitalter hielt Einzug ins Mafia-Geschäft. Fernschreiber und Schecks ersetzten die herkömmlichen Kuriere mit ihren schweren Geldkoffern, Ringgeschäfte über Hunderte von Tarnfirmen ermöglichten bargeldlosen Geschäftsverkehr, Kontrolleure inspizierten die einzelnen Filialen und sorgten für die nötige Arbeitsmoral. Aus der »Paten«-Gesellschaft wurde ein moderner Konzern mit der Tendenz zum »Aufkauf« (wenn nötig mit Gewalt) kleinerer Unternehmen oder Handelslinien und zur Diversifizierung der Geschäfte in alle Bereiche illegaler Machenschaften.

Das Unglück begann für die Inzerillo, als sich zum einen eine Reihe zu kurz gekommener Gegen-Clans (vor allem die Greco aus Ciaculla und die Marchese vom Corso dei mille in Palermo) zusammenschlossen. Unvorsichtigkeiten der Inzerillos kamen hinzu: Salvatore selbst veruntreute, zusammen

mit seinem Busenfreund Stefano Bontade (auch er aus altehr-
würdigem Mafia-Geschlecht) die schon erwähnten 20 Milliarden Lire für ein kleines Nebengeschäft; und als nach der
Sindona-Pleite die us-Bosse dem neuen Super-capo die fingierte Entführung des Bankiers anvertrauten, damit dieser
heimlich in Sizilien seine Geschäfte ordnen konnte, verpatzten sie auch diesen Auftrag. Sindona hinterließ handfeste
Spuren auf der Insel, wurde dann in Amerika gefaßt und zu
25 Jahren Gefängnis verurteilt. Der Bankier fiel aus, die Geschäfte gerieten in Schwierigkeiten. Versuche, schnell wieder
auf alte Methoden umzusteigen und Geld per Kurier hin- und
herzutransportieren, gingen schief, weil der Polizei-Vizechef
Boris Giuliano, gegen alle Gewohnheiten, den Jumbo-Jet AZ
642 New York-Palermo filzte und einen Koffer mit 500 000
Dollar fand.

Am 23. April 1981 wurde Stefano Bontade erschossen; Salvatore Inzerillo wertete den Tod des engsten Freundes zu
Recht als höchstes Alarmzeichen, ging nur selten auf die
Straße, übernachtete in dauernd wechselnden Unterkünften,
kaufte sich für 100 000 DM ein gepanzertes Auto und starb
dennoch nur 19 Tage nach Bontade, am 11. Mai 1981. Die
Täter mußten aus seinem engeren Freundeskreis kommen,
denn die Frau, bei der er nachts gewesen war, kannten nur
wenige Menschen als seine Geliebte.

Nach dem Tod Salvatores wurde das Begräbnis in allen Ehren von sämtlichen wichtigen Clans zelebriert - danach leerte
sich der Stadtteil Uditore, Stammsitz der Inzerillo, in höchster Geschwindigkeit. Mehrere Dutzend direkter Familien-
angehöriger flogen außer Landes, dazu gleich truppweise
Leibwächter und kleinere Mitläufer (sofern sie es sich leisten
konnten). Aber kaum einem gelang die Flucht wirklich - die
meisten tauchten schon bald wieder auf, tot. Nur zwei Inzerillo, aus einer Nebenlinie, sind mit Sicherheit noch am Leben
- ihnen wird zur Zeit, im Rahmen des großen Verfahrens gegen mehr als 70 Mafiosi, in Palermo der Prozeß wegen
Rauschgifthandels gemacht.

Der letzte der Brüder Inzerillo kam am 25. Januar 1982 aus
den USA zurück - natürlich im Jumbo-Jet, der im Volksmund
»il padrino«, der Pate, heißt. Pietro Inzerillo lag in zwei Ki-
sten verpackt, enthauptet, mit fünf Dollarscheinen zwischen

den Zähnen und einem ans Geschlechtsteil geheftet - im Mafia-Sprachgebrauch heißt das: »Du hast uns betrogen. Hier ist das Geld zurück - mit Zinsen.«

Wie den Inzerillo ging es auch der Familie Di Peri, jener Gruppe, die seinerzeit den Arnone das Überleben sichern sollte.

Hier wurden in einem Jahr alle männlichen Mitglieder umgebracht; die beiden letzten, Salvatore und Pietro, innerhalb von fünf Minuten an ganz verschiedenen Orten in Palermo, am 10. August 1982.

Nach diesen beiden Morden rief ein Unbekannter bei der Polizei in Palermo an und sagte: »Der Same der Di Peri ist endlich ausgerottet. Damit ist die Aktion, die wir ›Carlo Alberto‹ getauft haben, zu Ehren unseres Präfekten, fast abgeschlossen. Ich sagte: ›fast‹ abgeschlossen!«

Knapp drei Wochen später wußten die Behörden, was mit diesem nebulösen Satz gemeint war: da hatten die Killer auch »Carlo Alberto« erwischt - den Präfekten Dalla Chiesa.

Exkurs
Die Methoden der alten und der neuen Mafia-Kriege

Der eben zitierte Satz kann als Versuch einer Einschüchterung Dalla Chiesas gewertet werden, aber auch als Ankündigung der Vollstreckung eines Todesurteils.

Nimmt man die Verhaltenskodices der älteren Mafia, so war es eine letzte Drohung. Nimmt man die der neuen, war es die Ankündigung eines unabwendbaren Beschlusses und eine ungeheure Herausforderung an den Staat.

Bis in die sechziger Jahre hatten Mafiosi grundsätzlich eine abgestufte Skala der Methoden zur Durchsetzung ihrer Interessen angewandt. Sofern es nicht gerade um die Erfüllung einer »vendetta« ging (die natürlich automatisch den Tod eines gegnerischen Clan-Mitglieds erforderte) gab es zunächst durchaus freundliche und freundschaftliche Gespräche,[2] dann möglicherweise »Nachdruck« mit Hilfe der Beschädigung von Eigentum (abgeschnittene Weinstöcke, zerstörte

Werkzeuge oder Autos), nächtliche Schüsse in die Luft oder auch mal in die Beine. Nur als äußerstes Mittel kam die »lupara«, das Jagd- oder Schrotgewehr, zu tödlichem Einsatz.

Zwei Schuhe und ein Blutfleck - Zeugnisse einer »Exekution« am Corso dei mille in Palermo

Folterungen zur Erpressung von Mitteilungen gab es allerdings schon lange, auch Verstümmelungen bei bestimmten Verfehlungen.

In den letzten beiden Jahrzehnten wurden jedoch vor allem bei den Morden die angewandten Exekutions-Arten sehr differenziert.

Das Erschießen mit Hilfe der »lupara« oder einer Pistole gilt als Ausdruck eines »normalen« Verhältnisses zum Opfer - der Tote soll in Ehren gehalten werden, er mußte aus gleichsam »sachlichen« Gründen sterben.

Schlimmer ist der Sprengstoff-Anschlag. Da er in der Regel das Opfer schwer verstümmelt, ist ehrenvolles Aufbahren im offenen Sarg oft nicht mehr möglich.

Eine weitere Eskalation bedeutet es, wenn Mitglieder eines Clans verschwinden und nicht mehr aufgefunden werden.

132

Gesprengter Kiosk

Auf diese Weise wird ein Ritual verhindert, das selbst nach einem Sprengstoff-Attentat noch möglich ist: die älteste weibliche Angehörige des Opfers saugt Blut des Toten aus seinem Leichnam und läßt dieses dann in den Mund desjenigen Verwandten fließen, der zum Vollstrecker der nun fälligen vendetta bestimmt ist. Gibt es keinen aufgefundenen Leichnam, kann dieses Ritual nicht vollzogen werden.

Früher wurden Opfer oft in Felsspalten geworfen; seit den sechziger Jahren hat sich aber eine Methode durchgesetzt, die der Inzerillo-Verbündete Tommaso Buscetta unter Nachahmung amerikanischer Vorbilder eingeführt haben soll: der Tote wird in ein Bauwerk eingemauert oder in Beton eingegossen. Das nennt man dann »lupara bianca«, »weiße Flinte« - »weiß«, weil man Kalk dabei verwendet. (Im weitesten Sinn wird dieser Ausdruck heute in den Medien immer dann be-

133

nutzt, wenn jemand in mafiosem Zusammenhang spurlos verschwindet und man annimmt, er sei tot).

Eine weitere Veränderung hat die Durchsetzungsenergie mafioser Aktivitäten dadurch erfahren, daß nunmehr kaum mehr Rücksicht auf Unbeteiligte genommen wird. Nicht nur Leibwächter oder Fahrer ihrer Opfer oder »potentielle« Feinde wie Polizei-Wachen werden rücksichtslos mit ermordet (wie etwa der Chauffeur der Abgeordneten Pio La Torre, Rosario Di Salvo, oder die drei eskortierenden Carabinieri bei dem Überfall auf den inhaftierten Alfio Ferlito), auch die Ehefrauen werden nicht mehr ausgespart (wie beim General Dalla Chiesa) und sogar bis zu sechsjährigen Kindern (wie im Januar in Neapel) wird erschossen, wer zufällig in der Nähe ist oder als Druckmittel bei »Warnungen« verwendet werden kann.

Der unentschiedene Kampf der Camorra-Banden.
Die Kriege im und aus dem Zuchthaus heraus

Am 18. November 1982 meldeten die italienischen Zeitungen einhellig entsetzt: »Cento agenti di Poggioreale accusati di ammutinamento«[3] - Hundert Gefängniswärter von Poggioreale wegen Meuterei angeklagt.

Poggioreale ist das Stadtgefängnis von Neapel. Die Gefängniswärter hatten sich geweigert, in die Häftlingsabteilung einzudringen, weil dort geschossen wurde - und zwar zwischen den Gefangenen. Dreimal war es innerhalb der vier vorangegangenen Wochen schon zu derartigen Schießereien gekommen (und drei verschiedene Direktoren hatten sich in dieser Zeit abgewechselt). Zwar wurde jedesmal eine »gründliche« Untersuchung der Zellen vorgenommen - außer ein paar kleinen Pistolen fand man nichts, vor allem nicht die automatischen Waffen und die vielen großkalibrigen Berettas und Mauser, die verwendet wurden.

Stattdessen konnten Geheimdienststellen in einem überraschenden Schlag gegen die neapolitanische Filiale der Roten Brigaden konkrete Pläne zur Sprengung der Eingangstore des

Gefängnisses und zur Befreiung einer Anzahl von Häftlingen entschlüsseln - Häftlinge, die nur zu einem kleinen Teil den Roten Brigaden selbst angehören: der Rest war eindeutig der nur-kriminellen Unterwelt der Camorra zugeordnet.[4] Eine Aktion auf Gegenseitigkeit also? Die Affäre Cutolo-Cirillo-Geheimdienste-Brigaden also kein Einzelfall?

Poggioreale ist der dichtest gefüllte und explosivste Kerker Italiens (manche sagen: Europas). In ihm sitzen heute mehr als 1800 Delinquenten ein - gebaut ist er, wenn man ihn nach modernen Grundsätzen des Strafvollzugs betrachtet, für 600 Personen. Er wird bewacht von insgesamt 500-600 Wächtern, und zwar in jeweils vier Schichten; tagsüber werden 140 Gefangene von einer Mannschaft bewacht, nachts 450.

In den letzten drei Monaten vor der Schießerei hatten mehr als 150 Aufseher um ihre Versetzung gebeten. Den meisten Anträgen konnte nicht stattgegeben werden - es mangelt an Ersatz.

Dasselbe gilt für die Polizei außerhalb des Gefängnisses. Der Polizeipräfekt Neapels, Riccardo Boccia, mittlerweile mit Sondervollmachten ausgestattet wie der Hochkommissar von Palermo, sagt, er sei ohne irgendeine Aussicht auf Erfolg in seinem Amt - »es fehlen mindestens 1500 zusätzliche Polizisten«.[5] Dramatische Unterbesetzung auch bei der Justiz: 45 Ermittlungsbeamte für über 200 000 angezeigte Delikte. Bei jeder Sektion der Staatsanwaltschaft werden derzeit 1500 anhängige Prozeßverfahren immer weiter verschoben. Richter und Politiker fordern seit langem einen zweiten Gerichtshof, der sich ausschließlich mit den Verbrechen der Camorra befassen soll. Bisher, natürlich, vergebens.[6]

Entsprechend desolat ist auch die Rechtspflege. Anwälte weigern sich mittlerweile, ihren Beruf in Neapel auszuüben: monatelang sind Prozeßakten unauffindbar, Gefangene werden verlegt, ohne daß ihre Verteidiger davon wissen; Brände in Justizstellen vernichten wertvolle Beweise.[7] Innerhalb von drei Jahren wurden überdies neun Anwälte von camorristischen Killern ermordet und mehrere hundert massiv eingeschüchtert, weil sie die jeweilige Gegenseite vertraten.

Auch im Gefängnis geht der Krieg unvermindert weiter. In Poggioreale saßen im Trakt »Salerno« im Oktober 1982 290 Mitglieder der »Nuova famiglia« ein; in »Milano« befanden sich 210 Angehörige der »Nuova Camorra organizzata«. Dazwischen liegt »Livorno«, sozusagen Niemandsland. Die beste Gelegenheit zum Abschießen der Cutolo-Männer von der »Nuova Camorra organizzata« ergibt sich für die Gegner, wenn die »Milano«-Bewohner in die Sprechzellen gehen - da müssen sie die Flure ihrer Erzfeinde passieren.

Nach den Schießereien werden regelmäßig ganze Hundertschaften von Häftlingen in andere Gefängnisse gebracht. Eine hilflose Aktion: erstens weigern sich seit langem die Direktoren anderer Gefängnisse ebenso wie die Bevölkerung der Umgebung (etwa in der Toscana), die neuen Gäste aufzunehmen, und zweitens bekriegen sich in Italien die Gangster auch in anderen Gefängnissen. So schossen am 12. des gleichen Monats, Oktober, in Cosenza/Calabria (bereits zum viertenmal im Jahr 1982) rivalisierende Banden aufeinander, in Matera in Apulien gab es am 18. Oktober bewaffnete Auseinandersetzungen, und am 15. November wurde bei einer Messerstecherei im Insel-Gefängnis von Procida sogar einer der obersten Bosse der »Nuova famiglia«, Luigi Giuliano, schwer verletzt.

Der Kampf zwischen den beiden Großorganisationen geht auch außerhalb des Gefängnisses mit unverminderter Härte weiter - Raffaele Cutolo verlor zwischen Mitte Januar und Mitte Februar 1983 nicht nur mehr als zwei Dutzend Mitarbeiter, sondern auch zwei seiner wichtigsten Leute, darunter den (auch in die Affäre um die Freigabe des entführten DC-Politikers Cirillo verwickelten) Vincenzo Casillo, der mit seinem Auto mitten in Rom in die Luft flog; der neben ihm sitzende Mario Cuomo, erst vor wenigen Monaten unter Ermordung eines Polizisten befreit, wurde schwer verletzt. Casillo war praktisch »Vizepräsident der Camorra AG« (so die italienische Wochenzeitschrift »Panorama«).

Die Polizei geht derzeit von gut 7000 bewaffneten Personen im neapolitanischen Untergrund aus.

Anders als sizilianische Mafiosi mußten sich die neapolitanischen Camorristen in keiner Weise umstellen, als amerikanische Formen des organisierten Verbrechens in den Vordergrund traten - Lucky Luciano fühlte sich vor allem deshalb in der Campania wohler als in Sizilien.

Im Rauschgiftgeschäft waren camorristische Gruppen schon seit Lucianos Zeiten etabliert. Das amerikanische Rauschgift-Fahndungsbüro DEA und die italienische Polizei beziffern den Jahresumsatz in der Gegend um Neapel derzeit auf ca. 6000 Milliarden Lire, immerhin um die zehn Milliarden DM. Allerdings ist Neapel, wie früher Sizilien, lediglich Durchlaufplatz; Raffinerien, die zu Beginn der achtziger Jahre auf der Insel für einen neuen Expansionsschub sorgten, wurden in der Campania bisher nicht gefunden.

Die derzeit aber noch zu beobachtende sizilianische Dominanz beruht auf gewissen aus der Tradition noch verbliebenen Eigenarten vieler mafioser Gruppen und auf sizilianischen Besonderheiten, die Neapel nicht zu bieten hat.

Spezielle Eigenheiten der Mafiosi: der enge Kontakt zu den USA, den die Insel-Clans seit Jahrzehnten ohne Unterbrechung aufrechterhalten konnten (während sich camorristische Gruppen erst wieder neu formieren mußten); die zusätzliche Stärkung geschäftlicher Beziehungen etwa zu den »cosa nostra«-Gangs durch verwandtschaftliche Bande und das daraus entspringende Vertrauen ergab festgefügte Handels- und Verkehrslinien, die die Camorra in diesem Maß nicht vorweisen konnte.

Sizilianische Besonderheiten: die Autonomie der Inselregion gibt nicht nur die Chance, infolge weitgehend ausgeschalteter Staatskontrolle und unter politischem Schutz im Trüben zu fischen, sondern das Geld in den clan-eigenen Banken zu waschen, manches davon auch an Ort und Stelle erneut gewinnbringend anzulegen, etwa in öffentlichen Bauten oder im Waffenexport, der auch in Sizilien schon seit den sechziger Jahren blüht.

Trotz mancher Umstellungsschwierigkeiten und der dadurch verursachten Krise ist die mafiose Linie des organisierten Verbrechens bis heute in den internationalen Geschäften die stärkere.

Ob sich diese Vormachtstellung der zur industriellen Großmacht gemauserten »Ehrenwerten Firma« allerdings auf längere Sicht halten kann, ist trotz der kaum gebrochenen Stärke keineswegs ausgemacht.

137

Die Gefahr des Verlustes der eigenen Identität, der massive Schwund an Rückhalt und Einfluß in der Bevölkerung und damit die Einengung des Spielraums sind nicht zu übersehen. Das haben denn auch Teile der Politiker und Administratoren erkannt - und seit einiger Zeit danach zu handeln begonnen.

Die Kriegserklärung

»La sfida della mafia«, »Die Herausforderung der Mafia«, überschrieb »La Repubblica« zehn Tage lang ihre mehrseitigen Berichte nach der Ermordung des Polizeipräfekten und Carabinieri-Generals Alberto Dalla Chiesa am 3. September 1982.

Eine mächtige Herausforderung war es zweifellos - die Frage ist allerdings, wer wen herausgefordert hatte.

Liest man die Reihe der von mafiosen Killern ermordeten Repräsentanten von Staat und Politik, so erscheinen die letzten drei bis vier Jahre in der Tat wie eine ständig eskalierende Einschüchterungskampagne gegen den Staat. Die wichtigsten Gewalttaten[1]:

Am 19. März 1979 wurde der christdemokratische Parteisekretär Siziliens, Michele Reina, ermordet. Täter bis heute nicht ermittelt.

Am 21. Juli 1979 starb der Chef des Überfallkommandos und Vize-Polizeidirektor von Palermo, Boris Giuliano. Einige mutmaßliche Täter festgenommen, bis heute keine weiteren Hintermänner ermittelt.

Am 26. September 1979 wurde der linksunabhängige Abgeordnete und Richter Cesare Terranova samt seiner Polizeieskorte ermordet, als er - als frisch ernannter Ermittlungsrichter - in den Justizpalast zu seiner neuen Dienststelle fahren wollte. Keine Täter bekannt.

Am 6. Januar ermordeten Unbekannte den christdemokratischen Ministerpräsidenten Siziliens, Piersanti Mattarella. Verdächtigt wird - als Killer - derzeit ein Rechtsextremist namens »Giusva« Fioravanti, der auch den Direktor der Zeitung OP, Mino Pecorelli, und den Richter Mario Amato umgebracht haben soll. Fioravanti wiederum behauptet, die Anschuldigung gegen ihn sei eine Machenschaft der Mafia und der Loge P2.

Am 3. Mai starb Emanuele Basile - er hatte die Arbeit des

139

1979 ermordeten Boris Giuliano fortgesetzt. Auftraggeber des Mordes unbekannt, einige mutmaßliche Killer sitzen derzeit in Haft.

Am 6. August 1980 kam der Generalstaatsanwalt der Provinz, Gaetano Costa, im Kugelhagel auf offener Straße um. Seine Frau, die neben ihm ging, blieb unverletzt. Täter wurden bisher nicht ermittelt.

Am 13. August 1980 starb im südwestlichen Teil der Insel der Bürgermeister von Castelvetrano, Vito Lipari. Auch hier: Täter unbekannt.

Am 30. April 1982 wurde nach einem anonymen Anruf bei der Polizei in einem FIAT 131 der Regionalsekretär und Abgeordnete der Kommunistischen Partei, Pio La Torre, zusammen mit seinem Fahrer Rosario Di Salvo, ermordet aufgefunden.

Es war am Tag vor dem Amtsantritt des neuen Polizeipräfekten Alberto Dalla Chiesa, gleichsam das »Antrittsgeschenk«. Gut vier Monate später, am 3. September 1982, wurde er selbst umgebracht - auch seine Frau blieb nicht verschont. Der eskortierende Polizist Domenico Russo wurde tödlich verletzt.

Bescheiden nimmt sich dagegen die Gewaltkampagne der

Pio La Torre

Piersanti Mattarella (rechts) mit Staatspräsident Pertini

Camorra in Neapel und Umgebung gegen Repräsentanten des Staates aus: man versuchte zwar am 13. 9. 1982, den Staatsanwalt Antonio Gagliardi aus dem Distrikt Avellino umzubringen, als dieser im Untergrund Nachforschungen anstellte; er entkam aber, verletzt, weil er sich totgestellt hatte. Am 23. September 1982 wurde der Stadtrat Nicola Benigno, Sozialist, umgebracht, am 15. Oktober 1982 der sozialistische Bürgermeister von San Gennaro Vesuviano, Francesco Giugliano. Aber abgesehen davon, daß es sich bei den Opfern regelmäßig weder um hohe Politiker noch um Spitzen-Beamte mit überörtlicher Wirkung handelte, folgten die Taten meist eher wie ein unmittelbarer Racheakt auf wenige Tage vorhergegangene Aktivitäten der Niedergeschossenen. Gagliardi hatte sich - nach einer Reihe wichtiger und erfolgreicher Ermittlungen gegen Camorra-Verbrechen, die noch keinen Mordanschlag ausgelöst hatten - gerade an die skandalösen Verhältnisse beim Wiederaufbau der vor drei Jahren erdbebenzerstörten Gegend von Irpino gemacht: dort sind, wie schon erwähnt, nicht nur Camorra- sondern auch Mafia-verdächtige Firmen wie die des catanesischen Unternehmers Costanzo mit von der einträglichen Partie.[2] - Der Stadtrat Nicola Benigno ist Bruder eines als Camorra-Mitglied verdächtigten Mannes, und so galt der Mord möglicherweise der Einschüchterung oder »Bestrafung« des als Cutolo-Mannes eingeschätzten Antonio Benigno. Bürgermeister Giugliano wiederum hatte sich kurz zuvor öffentlich mit den örtlichen Racketts angelegt.

Dennoch schien die Eskalation den römischen Regierungspolitikern so massiv, daß sie auch der Region Campania einen Super-Präfekten mit erweiterten Vollmachten nach dem Muster Palermos schickten.[3]

Der römische Staat entschließt sich zum Kampf

In den Jahren 1972 bis 1976 legte die 1962/63 - zur Zeit der ersten Mitte-Links-Koalition - ins Leben gerufene Anti-Mafia-Kommission ihre umfassendsten Berichte vor[4]: Über die zehn bekanntesten Mafia-capi, über das Schulwesen in Sizilien, über die Gemeindeverwaltung von Palermo, über das merkwürdige Verschwinden des (mittlerweile eingesperrten) Luciano Liggio, über Mafia und Banditentum, schließlich über den Zustand der Mafia im Jahre 1972; auch ein Rapport über die Tätigkeit der Kommission selbst wurde verfaßt.

Für die sizilianischen Mafiosi war das Erscheinen der Berichte eine Schlappe größten Ausmaßes - schließlich hatten ihre politischen Lobbyisten seit 1962/63 mit allen Mitteln gegen einen solchen Untersuchungsausschuß gekämpft; so etwa Giovanni Gioia und Nino Gullotti von der regionalen DC-Führung, Bernardo Mattarella (Vater des nicht-mafiosen späteren Regionalpräsidenten), den wir schon als Ziehvater Cianciminos kennengelernt haben, und der Staatssekretär und Abgeordnete Calogero Volpe. Auch »unverdächtige« Persönlichkeiten des öffentlichen Lebens in Sizilien, Parteimänner der Sozialdemokraten und der Sozialisten sowie der damals noch lebende Kardinal Ruffini, sahen in der Kommission eine Beleidigung für die gesamte Insel.

Aber trotz der Aktivitäten der Kommission schien sich die Mafia wieder einmal durchsetzen zu können. 1973 wurde der als eifrigster Material-Sammler gefürchtete Carabinieri-Oberst Alberto Dalla Chiesa von der Insel wegversetzt. Und als in der Mitte der siebziger Jahre der rechte und der linke Terrorismus die italienische Öffentlichkeit immer mehr in Atem hielten, gelang es den sizilianischen capi mit Hilfe der Achse Palermo-New York, ganz groß in das Rauschgiftgeschäft einzusteigen.

Aber inzwischen war etwas eingetreten, was die Mafia-Strategen wohl ebensowenig wie ihre Gegner tatsächlich vorausgesehen hatten: die italienische Öffentlichkeit war sensibilisiert für die Gefahren, die von mächtigen Untergrundorganisationen ausgehen. Der später ermordete kommunistische Abgeordnete Pio La Torre drückte diese neue Sensibilität in seinem Nachruf auf den erschossenen DC-Regional-Ministerpräsidenten Mattarella in der PCI-Parteizeitung »L'Unità« Anfang 1980 so aus:

»Warum sagen wir, daß der barbarische Mord am Regionalpräsidenten Piersanti Mattarella das politisch schwerwiegendste Attentat nach dem Anschlag in der Via Fani (wo Moro entführt wurde, W.R.) und dem Mord am Abgeordneten Aldo Moro ist? Wir wollen damit ein weiteres Mal die Aufmerksamkeit auf eine eindrucksvolle politische Analogie lenken. Für die Erschießung Moros wurde exakt jener Tag ausgewählt, an dem die Abgeordnetenkammer die Debatte über das Vertrauen zu einer Regierung der nationalen Solidarität aufnahm. Heute wird Mattarella erschossen, während eine entscheidende Krise im Leben der Region Sizilien eingetreten ist: eben kommt nämlich die Phase der Mitte-Links-Regierung zum Abschluß, und es eröffnet sich eine Übereinstimmung sämtlicher demokratischer Kräfte der Insel zum Zwecke einheitlicher und positiver Impulse für die Region. Mattarella war ein entscheidender Bezugspunkt dieses politischen Miteinanders. Deshalb wurde er erschossen . . . Wir stehen vor einer terroristischen Eskalation, die immer höher zielt. In zweierlei Hinsicht: auf der einen Seite auf die ehrbaren Diener des Staates, um Panik in den Ordnungskräften und der Rechtsprechung zu verbreiten; andererseits zielt diese Eskalation auf bestimmte Exponenten der Christdemokraten, nämlich auf diejenigen, die im Kampf um Reformen innerhalb einer demokratischen Einheit in vorderster Linie stehen.«[5]

Schon in der zweiten Hälfte der siebziger Jahre schufen sich die römischen Politiker immer mehr Instrumente, um das Land - wie es hieß - wieder »regierbar« zu machen: flexible Polizeikommandos nach Art der bundesdeutschen GSG 9 (in Italien »Nucleo operativo centrale di sicurezza«, NOCS, genannt) wurden organisiert; Gesetze wurden verabschiedet, die bei Verdacht auf die Bildung krimineller Banden (und anderen Delikten) langjährige Untersuchungshaft auch ohne Prozeß ermöglichen; das Prinzip des »Kronzeugen« wurde eingeführt: der »pentito« kann sich Strafnachlaß bei Denunziation seiner Kameraden verdienen, auch wenn er selbst ein Schwerstverbrecher ist; immer mehr »supercarceri«, Hochsicherheitstrakte wurden gebaut, in denen eine zuverlässige Isolation der Einsitzenden möglich ist.

Das alles, wie gesagt, zunächst nur für den Kampf gegen

den politischen Terror; aber es war nur eine Frage der Zeit, wann das System auch gegen andere Vereinigungen eingesetzt wurde. Tatsächlich kamen Gruppen wie die Mafia und die Camorra auch unverzüglich ins Visier, als sich abzeichnete, daß die neuen Maßnahmen schon nach kurzer Zeit zumindest gegen den linken Terrorismus wirkten (gegen den rechten stehen wirkliche Erfolge auch heute noch aus).

Die italienische Öffentlichkeit war noch immer geschockt von den Terrorakten Mitte der siebziger Jahre. Fragen nach der rechtsstaatlichen und menschenrechtlichen Bedenklichkeit der neuen Gesetze wurden daher kaum gestellt. Der Anwendung der neuen Recht-und-Ordnung-Linie schien kaum eine Grenze gesetzt. Prügelnde und folternde Polizisten wurden von hohen Politikern verteidigt,[6] und der Ober-Fahnder Dalla Chiesa konnte überhaupt nicht verstehen, daß man wegen einer »Handvoll« in Isolationshaft sitzender Leute Aufhebens machen mochte.[7]

Für mafiose Gruppen wurde die Sache ernst, als 1977/78 die größten Schlachten gegen den linken Terrorismus geschlagen schienen. Alberto Dalla Chiesa sah sich offenbar bereits zu dieser Zeit nach einem neuen Betätigungsfeld um - und fand sein altes, die Mafia-Bekämpfung, die er schon in den vierziger Jahren und dann Anfang der siebziger Jahre weitgehend erfolglos hatte aufgeben müssen.

Der Eindruck trog nicht: neue Zeiten brachen an. Anders als in den fünfziger und sechziger Jahren (als z. B. 1956 das Verbannungsgesetz neugefaßt, und 1965, als sogar ein »Anti-Mafia-Gesetz« genanntes Maßnahmenbündel schrittweiser Gängelung mafia-verdächtiger Personen beschlossen wurde) blieben die staatlichen Maßnahmen nun nicht auf die rein juristische - und damit unterlaufbare - Ebene beschränkt. Das bisher so elastische Netz der Verfilzung mit den politischen Mächten hatte erhebliche Risse bekommen: der traditionelle Schutz funktionierte nicht mehr, zumindest nicht mehr nahtlos. Hatte man in den sechziger und Anfang der siebziger Jahre aufdeckungsfreudige Journalisten noch mit Hilfe geneigter Richter oder im äußersten Falle durch Verschwindenlassen ausgeschaltet,[8] so war das Ende der siebziger Jahre nicht mehr so einfach: die Presse aller Schattierungen war begierig geworden, immer neue Skandale in Sizilien aufzudecken - spätestens seit mit Michele Sindona die enge Verbindung der Hochfinanz mit mafiosen Gruppen ans Licht gekommen war.

Es waren also zunächst die Regierung und die Öffentlichkeit, die die Mafiosi immer mehr in die Enge trieben - eine Enge, die diese gerade jetzt, in der Phase der Sicherung ihrer Hegemonie auf dem internationalen Rauschgiftmarkt und des Einstiegs ins Waffengeschäft, schon gar nicht brauchen konnten.

So beantwortete die »Firma« ziemlich einhellig die Kriegserklärung durch Rom mit der Eröffnung bewaffneter Feindseligkeiten gegen die oberen Ränge von Politik und Administration.

Die Antwort aus Sizilien

Liest man die oben angeführte Liste von Morden an Nicht-Mafiosi durch, so liegt zunächst einmal der Schluß nahe, die »Ehrenwerten« seien 1979 und 1980, als die Sache in Rom immer ernsthafter betrieben wurde, in eine gewisse Panik geraten.

Sicher ist die Eskalation der Morde an hohen Staats-Repräsentanten einmalig in der Geschichte der Mafia. Und mancher Akt dieser massierten Terror-Welle mag auch aus einer gewissen Nervosität entstanden sein. Dennoch zeigen die Morde ein bestimmtes System - und es war partiell sogar erfolgreich. Wenn auch nicht ganz: und dieses »nicht ganz« mag am Ende entscheidend für das künftige Schicksal der sizilianischen Mafia sein.

Der Mord an Michele Reina galt sicher zunächst einmal der Tatsache, daß hier erstmals ein hoher DC-Funktionär die Verbrüderung mit den Mafiosi durchbrochen und die Mißstände öffentlich angeprangert hatte. Der darauf folgende Mord am Polizei-Vizechef Giuliano war die Klarstellung, daß auch Fahnder nur bis zu einem bestimmten Punkt gehen dürfen: beides also Warnschüsse, die noch nicht in die allererste Etage zielten.

Der Mord an Richter Terranova traf einen linken Abgeordneten, der zugleich Richter war - und Mitglied der Anti-Mafia-Kommission. Dieser Mord mußte als eine Art »allerletzter Warnung« vor dem offenen Krieg aufgefaßt werden.

Möglicherweise hatten die mafiosen cosche bereits zu diesem Zeitpunkt ihre Gewaltanwendung überzogen - jedenfalls was die Entschlossenheit der römischen Politiker und vor allem des Nicht-Mafia-Flügels der DC anging. Die Interessen der Parteien, sich als unschuldig wenigstens auf dem Gebiet der Schwerkriminalität zu profilieren, ließ die alten Verbindungen zu den sizilianischen Wahlhelfern und Geldmachern deutlich abbröckeln. Die von Pio La Torre im oben zitierten Artikel angesprochene breite »Einheit von Demokraten« bildete sich zumindest ansatzweise heraus.

So blieb der Mafia zunächst nur die Möglichkeit, die Schraube etwas fester anzuziehen - sie schoß den höchstmöglichen Vertreter des Staates in Sizilien, Piesanti Mattarella, nieder.

Vermutlich war dies die letzte Aktion, die noch in gewisser Hinsicht auf sofortige Wirkung zielte: Mattarella hatte einen Posten von allerhöchster Bedeutung innegehabt. Denn dem Regionalpräsidenten stehen nahezu all die Vollmachten zu, auf die die Mafia so dringend angewiesen war: er war es, der - vor dem Inkrafttreten der allerneuesten Antimafia-Gesetze vom Oktober 1982 - die »pubblica sicurezza«, die öffentliche Ordnung, aufrechtzuerhalten hatte - ihm unterstand letztlich der Kampf gegen Rechtsbrecher. Außerdem legt das Autonomiestatut die Erteilung von Lizenzen für Bankgeschäfte in die Hände des regionalen Ministerpräsidenten - die Macht über einen Bereich also, der, wie wir gezeigt haben, immer lebenswichtiger für die sizilianischen Mafia-Geschäfte geworden war.

Mit der Ermordung von Mattarella schienen die »Ehrenwerten« zunächst nicht nur eine Schlacht, sondern vielleicht sogar den ganzen Krieg gewonnen zu haben. Denn neben dem Amt des Bürgermeisters von Palermo wurde nun auch die Stelle des Regionalpräsidenten wieder mit einem Mann besetzt, der im Gegensatz zu Mattarella keinerlei spektakuläre Aktionen gegen die Mafia mehr unternahm: Mario D'Acquisto.

Er und Nino Martellucci, der palermitaner Bürgermeister (und Nachfolger von Lima und Ciancimino), leiteten zunächst wieder die »weiche« Welle ein. Die Mafia honorierte das: Tatsächlich ereignete sich von nun ab fast zwei Jahre lang kein Mord mehr an einem Spitzen-Administrator oder -Politiker. Da außerdem die Hegemonie der Siculo-Amerikaner im Rauschgiftgeschäft gesichert, Gras über die Sindona-Affäre gewachsen und die Expansion des Waffenhandels in greifbarer Nähe schien, entstand eine trügerische Ruhe.

Da brach unvermutet 1981/82 der Krieg der sizilianischen Clans untereinander aus. Es ist nicht auszumachen, ob sich einzelne Gruppen unter der neuen politischen Decke schon wieder zu sicher fühlten, oder ob hier tatsächlich die oft vermuteten internationalen Einflüsse durchschlugen: jedenfalls kostete es, wie berichtet, nahezu alle Inzerillo, Di Peri, einige Bontade, Badalamenti und jeweils einen großen Teil ihrer Clans den Kopf. Als - sicher nur vorläufige - Sieger standen unter anderem fest: die Cinisier und Corleonesier (um Reina und Provenzano, mit Ablegern in Mailand, z. B. Alberti), die Leute aus San Lorenzo (um Riccobono), die Clans vom Corso dei mille (u. a. die Marchese), aus Ciaculla (mit den Greco) - und ihre Verbündeten aus Catania und Siracusa.

Pio La Torre und die Gesetzesinitiative

Diese Dutzenden von Toten provozierten die Aufmerksamkeit der Politiker. Pio La Torre, dessen Artikel und Reden nach der Installierung eines DC-Regional-Systems kaum mehr gehört worden waren, bekam plötzlich wieder Aufwind.

Er nutzte ihn und forderte insbesondere seit dem Inzerillo-Massaker neue und besonders scharfe Gesetze. So verlangte er, daß künftig nicht erst die im Strafgesetzbuch vorgesehenen Tatbestände der Bildung einer kriminellen Vereinigung oder Erpressung oder Raub usw. unter Anklage gestellt werden können, sondern auch die indirekte Unterstützung (etwa durch Nicht-Denunziation mafioser Aktivitäten und

147

durch Beachtung der »omertà«) mit Strafen von sechs Jahren und mehr geahndet werden dürfen. Das sollte vor allem die wirkungslose Praxis der Verbannung und Polizeiaufsicht ersetzen.[9] Weiter wollte La Torre das Bankgeheimnis bei Verdacht mafioser Aktivitäten weitgehend außer Kraft setzen, eine eindeutige Zuordnung und Koordination der Mafia-Bekämpfung sicherstellen (sodaß der Regionalpräsident den Ermittlern nicht mehr ins Handwerk pfuschen kann) und vor allem das System des »Kronzeugen« auch auf Mafia-Delikte ausdehnen.

Die Lockerung des Bankgeheimnisses war natürlich das Kernstück und als einzige Neuheit ohne alle Abstriche erfolgversprechend; bei den anderen Maßnahmen erschien es eher fraglich, ob sie auch die gewünschte Wirkung haben würden und ob sie nicht sogar ganz gefährliche Nebeneffekte hervorrufen könnten.

Schon der Straftatbestand einer bloß passiven Unterstützung ist juristisch kaum zu fassen und vor Gericht fast nie zu beweisen. Er hat lediglich eine Art Droh-Charakter und mag vielleicht den einen oder anderen verunsichern, bietet stattdessen aber Raum für manche Polizei-Willkür. Ob damit das Prinzip der »omertà«, die Verschwiegenheit gegenüber Behörden, durchbrochen werden kann, scheint fraglich.

Wirksamer ist sicherlich das Gesetz, das Strafnachlaß für geständige Mit-Täter ermöglicht - es ist allerdings sehr riskant, wie sich schon bei den Terroristen und deren »pentiti« gezeigt hat. So »gestand« z. B. einer der »Kronzeugen« aus dem Bereich der Roten Brigaden so eifrig, daß Dutzende von mehr oder weniger harmlosen Leuten eingesperrt, ganze Universitäts-Seminare, wie das Staatsrechts-Seminar der Universität Padua, auf Jahre blockiert, ihre Mitglieder in Untersuchungshaft gesteckt, einige politische Gruppen wie die »autonomia operaia« kriminalisiert wurden. Später stellte sich heraus, daß der Mann ein »geborener Lügner« war, wie ein Mitglied des Obersten italienischen Gerichtshofes es nannte.[10] Die Versuchung, zur eigenen Entlastung anderen Leuten Straftaten (vielleicht sogar die eigenen) aufzuhalsen, war in vielen Fällen so übermächtig, daß die Staatsanwaltschaft oft die Auswahl gleich zwischen Dutzenden von Tätern für ein und dieselbe Sache bekam.

Unbedenklich dagegen, allerdings nur mit Hilfe einer Verfassungsänderung durchzusetzen, war La Torres Vorschlag zur Koordinierung der Fahndung und Strafverfolgung. Hier in erster Linie wollte denn auch der neue Präfekt Dalla Chiesa ansetzen, als er sich Anfang Mai, nach dem Tod La Torres, wieder nach Sizilien begab.

Die Entsendung Carlo Alberto Dalla Chiesas

Pio La Torre wurde am 30. April 1982 in der Nähe des Hauptbahnhofs von Palermo erschossen.

Schon vorher war klar gewesen, daß es nur einen Beamten in Italien gab, der die Energie und das nötige Selbstvertrauen mitzubringen schien, um das organisierte Verbrechen in Sizilien wirkungsvoll zu bekämpfen - der erfolgreiche Terroristenjäger Alberto Dalla Chiesa. Zudem hatte er sich selbst um den Posten des Polizeipräfekten beworben.

Über die Motive für die Annahme dieses Himmelfahrtskommandos durch den schon 62jährigen wurde viel spekuliert. Ehrgeiz, die früher schon zweimal erfolglos abgebrochene Mission doch noch zu beenden, wurde nachgesagt, abgrundtiefer Haß gegen alles Illegale unterstellt. Auch wenn Elemente davon immer wieder zu beobachten waren - den Kern seines Engagements trifft es wohl nicht.

Dalla Chiesa war zweifellos ein hundertfünfzigprozentiger Polizist. Er brachte mindestens soviel Handlungsenergie mit wie seine jeweiligen Gegner - aber er wußte sich auf der Seite des staatlich verordneten Rechts, und es ist keineswegs ausgemacht, was für ihn Gegner wirklich bedeuteten. Er war durchaus imstande, den Vorwurf der Menschenrechtsverletzung in den Sicherheitstrakten einfach damit zu kontern, daß es den vielen Tausenden nichtpolitischen Gefangenen in den Zuchthäusern schließlich auch schlecht gehe. Daraus bloße Menschenverachtung abzuleiten, würde Dalla Chiesa aber ein weiteres Mal nicht gerecht.

Sicher war ihm auch eine über gesundes Selbstvertrauen hinausgehende Selbstüberschätzung eigen. »Ich diene der

149

Carlo Alberto Dalla Chiesa auf dem Weg in die Präfektur

Politik als legitimer Ausdruck des Volkswillens«,[11] erklärte er häufig, und besonders gerne sah er sich als Einzelkämpfer; als es 1974 im Zuchthaus von Alessandria bei einem Einsatz seiner Leute sieben Tote gegeben hatte, nahm er die Verantwortung ohne die geringsten Abstriche auf sich: er wußte sich ohne irgendwelche Bedenken stets auf der rechten Seite. Im Krieg hatte er, als Zwanzigjähriger, in Montenegro und in den Marken, gegen die Nazi-Deutschen gekämpft, die bekanntlich den Kampf verloren; in der Mitte der siebziger Jahre hatte er den Krieg gegen die Roten Brigaden aufgenommen, nach allgemeiner Einschätzung erfolgreich. Er hatte die GSG 9-ähnliche Truppe organisiert und die häufigen Ausbrüche Gefangener aus den Zuchthäusern weitgehend gestoppt. Auch um die Aufnahme in die karrierefördernde Loge P2 bewarb er sich (wurde allerdings nicht aufgenommen und stellte seine Bewerbung später als Infiltrationsversuch dar).

Sollte die Mafia für einen so erfolgreichen Mann nicht am Ende zu besiegen sein?

Er produzierte sich wie ein Unverletzlicher: die für hohe Beamte und Politiker seit dem Anschlag auf Moro (und in Sizilien seit der Mord-Welle 79/80) selbstverständliche Eskorte und das gepanzerte Auto schlug er aus und ließ dies auch die

150

Öffentlichkeit wissen. Er zeigte, daß er sich nicht zu verstecken hatte, ging auf Empfänge und gab zahlreiche Interviews. Er betonte immer wieder, daß er die Mordabsichten mafioser Gruppen wohl kannte:

»Der Kampf mit den Terroristen war klar, abgegrenzt, bestimmbar. Ich kannte meine Feinde, ihren Kopf, ihr Milieu, ihre Psychologie. Ich wußte zum Beispiel, daß sie sich mich, aufgrund einer, sagen wir, industriellen Logik, als super-geschützt vorstellten, daß sie meinten, ich hätte alle Mittel genutzt, die mir als Carabinieri-General zur Verfügung stehen. Da ich wußte, daß sie so dachten, konnte ich riskieren, ohne Bewachung herumzugehen - beschützt durch ihre ›Wissenschaftlichkeit‹, um das mal so zu nennen. Auch hier bewege ich mich ohne Vorsichtsmaßnahmen. Aber hier tue ich das nicht, indem ich auf eine Art militärische ›Wissenschaftlichkeit‹ der Mafia rechne. Sondern weil ich weiß, daß jede Verteidigung völlig unnütz wäre. Es ist so, als wäre ich in einem kleinen Schiffchen auf dem offenen Meer. Wenn das Unwetter losbricht, werde ich jedenfalls untergehen.«[12]

Dalla Chiesa sah natürlich auch, daß die Dokumentation unerschütterlichen Selbstbewußtseins im Kampf gegen die Mafia keineswegs genügte - schon gegen den Terrorismus hatte er eine Art Zuckerbrot-und-Peitsche-Politik angewandt. So gilt es als sicher, daß der General mitunter höchstpersönlich intervenierte, wenn »reuige« Terroristen abgeurteilt wurden - etwa im Falle Peci, der ganze Serien von Verstecken der Roten Brigaden verraten und als das »lebende Gedächtnis des Terrorismus« fungiert hatte. In Sizilien ließ sich der General gerne bei Telefongesprächen belauschen, in denen er für Rehabilitationszentren für Rauschgiftsüchtige eintrat - als Pendant zu seinem massierten Kampf gegen die Drogenhändler und Morphium-Raffinerien.[13] Als gutem Polizisten lag ihm Prävention genauso am Herzen wie gnadenlose Verfolgung.

Nicht zuletzt auf einer realistischen Einschätzung der gesellschaftlichen Verhältnisse in Sizilien gründete auch sein großes Verständnis für Pio La Torres Ablehnung jener »Schnapsidee« italienischer Verteidigungspolitiker, die amerikanischen Marschflugkörper (cruise missiles) ausgerechnet auf der Insel (bei Ragusa) zu stationieren. Er erkannte sofort: mit der Raketenaufstellung würden unzählige Bauaufträge verbunden sein, Prostitution, Rauschgiftmärkte und Waffenhandel würden sich etablieren - Bereiche also, in denen mafiose Gruppen nahezu ungestört arbeiten könnten.[14]

Alberto Dalla Chiesa machte sich Gegner auch unter seinen eigenen offiziellen Auftraggebern. So berichtete z. B. der Fraktionsvorsitzende der PCI im Regionalparlament, Michelangelo Russo, am 12. August 1982, also drei Wochen vor der Ermordung des Generals, daß ihm bei einer Sitzung in Rom klargeworden sei, wie wenig selbst die Leute, die den neuen Präfekten »gemacht« hatten, von der Machtfülle angetan seien, die Dalla Chiesa für unabdingbar hielt. Der Innenminister Virgilio Rognoni halte, so Russo, unbeirrt an der Meinung fest, das unlängst verabschiedete Gesetz über die »pubblica sicurezza«, die öffentliche Sicherheit, sei für die Bekämpfung der Mafia viel geeigneter als die »Sondervollmachten« Dalla Chiesas. Und Senatspräsident Amintore Fanfani, der Dalla Chiesa früher unterstützt hatte, führte plötzlich wieder den Artikel 31 des Autonomiestatuts an, der die Gewährleistung der öffentlichen Sicherheit dem Regionalpräsidenten überträgt.[15]

Der amtierende sizilianische Regierungschef, Mario D'Acquisto, hörte dies gerne, und auch der Bürgermeister von Palermo, Nello Martellucci, fand, daß es »schon anderer Dinge bedürfe«, als bloß eines vom Norden gesandten Dalla Chiesa, auch »wenn der ein paar zusätzliche Polizisten mitbringt«.[16]

Mitte August 1982, drei Wochen vor seiner Ermordung, war Dalla Chiesa offenbar an eine Grenze gestoßen. »Der ›eiserne Präfekt‹ hat bei seiner sizilianischen Mission recht viele und hohe Hindernisse vorgefunden. Er hat mittlerweile eine Art Ultimatum gestellt, um die Politiker dazu zu bringen, ihm wenigstens einen Teil dessen zuzugestehen, was sie ihm vor langer Zeit versprochen hatten.«[17]

Bei der Nominierung Dalla Chiesas am 2. April 1982 war diesem vor allem die Zuständigkeit für »die Koordinierung aller der Bekämpfung von Mafia und Camorra auf nationaler Ebene dienenden Organe« versprochen worden - ein Versprechen, das niemals eingelöst wurde.

Tatsächlich hielten sich seit einem Gipfeltreffen mit Innen-minister Rognoni am 17. August 1982 hartnäckig Gerüchte über eine zu erwartende Demission Dalla Chiesas. Der Gra-benkrieg wurde vor allem über Zeitungen ausgetragen - ein Zeichen dafür, daß der General wußte, wie wenig ihm Ge-spräche mit den Politikern nützten, und wie populär er sich fühlte: er hoffte auf den Druck von der Straße.

Schützenhilfe, zumindest verbale, bekam er von der PCI und von den Gewerkschaften; aber die saßen nicht in der Re-gierung. »Tritt er zurück?« fragte »La Repubblica« am 18. 8. 1982 - »Und ist das nicht gerade das, was die Mafia will?«

Am 24. 8. 1982 bekam er dann wenigstens materielle Hilfe - in Gestalt von 150 zusätzlichen Agenten. Sondervollmach-ten allerdings blieben weiter schöne Worte.

Als die Polizisten eintrafen, wachten die örtlichen und re-gionalen Politiker Siziliens plötzlich auf. Alarmiert von der Aussicht, es könne sich doch etwas hinsichtlich der Mafia-Bekämpfung regen, beraumten sie für den 7. September eine Sondersitzung des Stadtrates von Palermo und des Regional-parlaments an. Diskutiert werden sollte allerdings nicht über eine mögliche Unterstützung des Präfekten, sondern über »das Phänomen« Mafia.

Dalla Chiesa sah, worauf das alles hinauslief. In einem sei-ner letzten Interviews, zwei Wochen vor dem Attentat, klagte er: »Sie haben mir die Vollmachten nicht gegeben, die nötigen Mittel verweigert - gut. Aber nun wollen sie mir auch noch das öffentliche Ansehen nehmen. Hier, wo Prestige al-les ist!«[18]

Nach Dalla Chiesas Tod regte dessen Sohn Nando eine Untersuchung darüber an, ob die Verantwortlichen für den Mord nicht auch in der christdemokratischen Partei Siziliens und Palermos sitzen.[19] Bürgermeister Martellucci (DC) nannte ihn daraufhin öffentlich einen »Lumpen«.[20]

Ich habe hier keine Biographie Dalla Chiesas zu schreiben. Aber schon aus diesen wenigen Anmerkungen ist ersichtlich, daß er nicht nur ein von sich und seiner Mission voll über-zeugter Polizist war; mit der Tendenz, im Eifer seines Kamp-fes alle Schutzmaßnahmen zu vergessen - gegen sich, gegen seine Familie (was seine Frau das Leben kostete), und auch gegen seine politischen Auftraggeber.

Er wurde umgebracht, ehe er auch nur einen einzigen großen Erfolg verbuchen konnte. Obwohl er mehr als vier Monate im Amt war, gab es nicht mehr als 187 Festnahmen kleinerer oder mittlerer Bedeutung sowie die »Entdeckung« von 50 Racketts - Zahlen, auf die es auch schon viel schwächere Präfekten Palermos gebracht hatten.

Unklar ist, wieso es die Mafiosi gerade an diesem Tag so eilig hatten, den General zu ermorden. Die nachträgliche Rekonstruktion des Hinterhalts bewies, daß nicht nur das Killerkommando unterwegs war, das den Wagen gut fünfhundert Meter nach der Ausfahrt aus der Präfektur in der Via Isidoro Carini stellte, sondern daß auch alle anderen Verbindungen zwischen Amtssitz und Wohnung des Generals blockiert waren.

Doch in den Schubladen und Tresoren des Präfekten fand sich weder ein (sogleich vermutetes) geheimes Notizbuch, noch gab es bei der Staatsanwaltschaft und der Polizei für die nächsten Tage konkrete Pläne für größere Aktionen. Das brisanteste Dokument der Amtszeit Dalla Chiesas war schon Tage vor der Ermordung bekanntgeworden und stammte überdies nicht vom General, sondern von der Finanzpolizei. Es konnte also durch den Mord auch nicht mehr aufgehalten werden.[21]

Möglicherweise ist Dalla Chiesa seinem eigenen Taktieren zum Opfer gefallen, etwa den vielen, immer wieder über die Presse lancierten Andeutungen über Projekte, die er habe, aber noch nicht preisgeben wolle - womit aber Mafiosi wohl in Unruhe versetzt worden sein mögen.[22] Oder auch durch seine permanenten Hinweise darauf, wie isoliert er sich fühle - tatsächlich hat sich auch in der Vergangenheit sehr oft gezeigt, daß mafiose Gruppen umso eher schießen, je alleingelassener sie Amtsträger vermuten.

Konsequenzen und Aussichten

Die Reaktion in Rom konnte nach der Ermordung Dalla Chiesas nur in folgendem bestehen: Der Nachfolger mußte sofort ernannt werden und hinreichende Glaubwürdigkeit besitzen; er mußte gleichzeitig sämtliche Vollmachten erhalten, die Dalla Chiesa gefordert hatte; und schließlich mußte man nun wohl oder übel die Gesetze beschließen, die Pio La Torre noch vor seinem Tod eingebracht hatte, die aber inzwischen verschleppt worden waren.

Die römische Bürokratie kam tatsächlich auf Hochtouren.

Der »Hoch-Kommissar« und die neuen Gesetze

Alberto Dalla Chiesa starb am 3. September gegen 21.15 Uhr. Weniger als 40 Stunden danach war sein Nachfolger als Präfekt von Palermo ernannt.

Ministerpräsident Spadolini (von der Republikanischen Partei) gab gleichzeitig emphatisch bekannt, daß der Neue, Emanuele De Francesco, weiterhin Chef des »Servizio segreto civile« (SISDE) bleiben werde, und daß er, in seiner Eigenschaft als sizilianischer Antimafia-Kampf-Koordinator, zum »alto comissario« ernannt werde.

»Wie schön«, spottete darauf »Il Giornale«, »ein Hoch-Kommissar also. Was ist denn das?« Nach eingehender Analyse wußte die Zeitung auch die Antwort: »Un titolo pieno di vuoto«[1] - ein Titel voller Nichts.

Immerhin: die Titel-Verleihung zeitigte sofort Konsequenzen - negative. Denn der Begriff »Hoch-Kommissar« hat einen recht fatalen Beigeschmack. Er stammt aus der Kolonialzeit und bezeichnete damals den offiziellen Vertreter der Besatzungsmacht im unterworfenen Gebiet. Später be-

155

nutzten ihn im britischen Commonwealth die Leiter diplomatischer Vertretungen, und im Nachkriegsdeutschland hießen die Mitglieder der »Alliierten Hohen Kommission« sowie der Leiter der Sowjetischen »Kontrollkommission« Hoch-Kommissare; schließlich kennen auch noch die Vereinten Nationen einen Sonderbeauftragten mit solchem Namen - er soll sich Detailbereichen widmen, etwa Flüchtlingsfragen etc.

Der sizilianische »Hoch-Kommissar« schmeckte vielen auf der Insel nach einem bewährten Rezept: Die römische Zentralregierung wollte wieder einmal mit kolonialen Mitteln die Probleme des Südens angehen. Der christdemokratische Regional-Präsident Mario D'Acquisto konnte es sich schon vier Tage nach dem Mord an Dalla Chiesa leisten, die neuen Hoch-Kommissars-Dekrete in die Nähe des Faschismus zu rücken.[2] Und als aus Rom daraufhin kein Widerspruch kam, legte D'Acquisto noch nach: Er rügte öffentlich den Staatspräsidenten Pertini, als dieser, vier Wochen später, einer nationalen Anti-Mafia-Manifestation italienischer Studenten und Gewerkschaften unter Beteiligung des »alto commissario« De Francesco ein aufmunterndes Grußwort geschickt hatte.[3]

De Francesco bekam trotzdem erweiterte Vollmachten. Er soll selbständig und unabhängig - allerdings in Koordination mit dem Regionalpräsidenten - ressortüberschreitende Einheiten einrichten und alle nationalen und regionalen Hilfsmittel der Polizei, der Geheimdienste, der Steuer- und Finanzbehörden ohne bürokratische Umwege benutzen können.

Nicht nur die Regierung - auch die Parlamentarier zeigten atemberaubendes Tempo. Die Gesetze Pio La Torres, die wegen angeblich vielfältiger Prüfungen und Abänderungsnotwendigkeiten immer wieder verschleppt worden waren, gingen nun in Tag- und Nachtsitzungen über die Bühne - am 7. September wurden sie eingebracht, am 14. September traten sie in Kraft. Kernstück der Anti-Mafia-Gesetze ist der neue Straftatbestand einer »Bildung einer Vereinigung mafiosen Typs«:

»Eine Vereinigung ist dann von mafiosem Typ, wenn diejenigen, die daran teilhaben, sich der Einschüchterung,

156

Ausnutzung von Gesellschaftsverträgen, Abhängigkeitsverhältnissen und der Verschwiegenheitspflicht (›omertà‹) bedienen zum Begehen von Verbrechen, zum direkten oder indirekten Ansichziehen der Leitung oder der Kontrolle ökonomischer Aktivitäten, öffentlicher Konzessionen, Zulassungen, Aufträge und Dienstleistungen oder zum Erzielen unrechtmäßigen Gewinns oder Vorteils für sich oder andere.«

Für alle öffentlichen Bauten muß künftig die Bauaufsicht durch vereidigte Sachverständige vorgenommen werden. Auch das Unwesen der Sub-Unternehmer soll abgeschafft werden: das Gesetz verbietet die Weitervergabe von Arbeiten im Rahmen öffentlicher Aufträge an andere als die bestellte Firma; werden weitere Unternehmen herangezogen, müssen die Verträge direkt mit dem Staat geschlossen werden. Damit wird die Praxis unterbunden, daß die großen Bau-Firmen oft selbst nicht einmal Arbeiter beschäftigen und sich auch keinen Geräte-Park halten, sondern den lukrativen Gesamtauftrag an sich ziehen und die Ausführung zu miserablen Bedingungen an kleine, darauf angewiesene Unternehmen weitergeben.

Verstöße gegen diese neuen Vorschriften werden mit Vertragsauflösung und Strafe geahndet, die bis zu einem Drittel des gesamten Auftragswertes gehen kann.

Güter, die aufgrund mafioser Praktiken - im gesetzlich definierten Sinn - erworben wurden, werden eingezogen, und das betrifft auch ordentlich und sachgemäß ausgeführte Leistungen, deren Auftrag jedoch unter Druck etc. erteilt worden war.

Die Hast der Gesetzesverabschiedung hat dabei jedoch auch einige gravierende Mängel hervorgebracht. So z. B. läßt es das Bau-Auftrags-Gesetz zu, daß nach der Feststellung erpreßter Auftragserteilung auch die Verdienste von Familienmitgliedern des Auftragsnehmers eingezogen werden - selbst wenn diese nur im Rahmen ihrer Verwandtschaftsbeziehung tätig wurden und von der Erpressung nichts wußten. Eine Fülle von Prozessen bis zum Kassationsgerichtshof steht deshalb bereits gegen die neuen Vorschriften an.

Wichtig an der zitierten Definition des »mafiosen Verhaltens« ist, daß hier nun nicht nur sizilianische Mafiosi belangt werden können, sondern jeder, der sich solcher Methoden bedient, weshalb z. B. auch Camorra- und »'ndrangheta«-Aktivitäten darunter fallen.

Da die Bestellung von Präfekten mit Sondervollmachten insbesondere für »Mafia«-Delikte gesetzlich geregelt wird, riefen alsbald auch andere Regionen und mitunter sogar kleinere Städte in Unteritalien nach einem solchen Über-Polizisten. Genehmigt wurde er sofort für die Region Neapel und etwas später auch für Kalabrien (mit der widersinnigen und arbeitserschwerenden Einschränkung, daß der Super-Präfekt seinen Amtssitz in Rom haben soll).[4]

Kaum waren die neuen Gesetze in Kraft, übten sich römische Politiker in Ermunterung. Keiner sollte sagen, daß nicht alles ernstgemeint war. Finanzminister Formica machte den Anfang: »Die Jagd ist eröffnet!«[5]

Für ihn waren die Möglichkeiten, die sich da eröffneten, besonders erfreulich: die Lockerung des Bankgeheimnisses versprach nicht nur Aufschlüsse darüber, wieviel Geld dieser oder jener Mafioso von wem und wann bekommen hatte; sie erlaubte auch den Zugriff auf Milliarden illegaler Gelder aus nichtmafiosen Unternehmungen. Faktisch kann derzeit jeder, der irgendwann einmal einen öffentlichen Auftrag erhalten hat, ins Visier der Fahnder kommen. Tatsächlich konzentrierten sich die Ermittlungen zunächst vor allem auf den Finanz-Sektor und brachten eine Reihe großer Unternehmen in Bedrängnis.

Am 1. Oktober schwärmten die Fahnder auf der ganzen Insel aus - die Konten von 162 mafia-verdächtigen Firmenchefs wurden überprüft, und gleichzeitig wurden gegen mehr als 2000 Sizilianer Verfahren zur Feststellung der Herkunft ihres Reichtums aufgenommen. Wie die »guardia di finanza« verlauten ließ, stehen derzeit noch mehr als 1000 weitere »Kandidaten« auf ihrer »Wunschliste«.[6]

Kurz danach griffen die Steuer-Polizisten auch in Neapel zu; am 6. Oktober begannen Ermittlungen gegen 160 zur Camorra gerechnete Personen, die in den letzten Jahren durch besonderen Zugewinn an Reichtum aufgefallen waren.

Aber die Überprüfung der Banken und der Geldbewegungen sind nur der eine Teil; inzwischen greifen andere Gesetzes-Anwendungen stärker und häufiger. Im Oktober 1982 wurde erstmals der Straftatbestand »Bildung einer mafiosen Vereinigung« gegen ein örtliches Rackett angewandt. In Piazza Armerina, gemeinhin bekannt für seine schönen Fuß-bodenmosaiken aus spätrömischer Zeit, setzte die Polizei neun Männer fest, die Schutzgelder erpreßt hatten - früher standen darauf (»kriminelle Vereinigung«) nur wenige Jahre, jetzt kann das bis zu zwölf Jahren Zuchthaus bringen.

Am 13. November störten dann rund 250 Polizisten, zwei Hubschrauber und diverse gepanzerte Fahrzeuge einen Ca-morra-»Gipfel« in der Nähe von Neapel - 20 Bosse der »Nuova famiglia« sitzen seither unter der Anklage der Bil-dung einer mafiosen Vereinigung ein.[7]

Der größte Schlag in der Geschichte der Mafia-Bekämp-fung wurde dann am 7. März 1983 geführt: in Sizilien und Unteritalien errichteten 8700 Polizisten und Carabinieri Stra-ßensperren, stürmten verdächtige Häuser und nahmen vor-bestrafte wie bisher unverdächtige Bürger reihenweise fest - 834 Personen wurden verhaftet, 548 davon, weil sie mit ge-stohlener Ware oder nichtkonzessionierten Waffen unter-wegs waren, 286 von ihnen wurden steckbrieflich gesucht. Mehr als 300 Pistolen und Gewehre, Munition, Sprengstoff und vor allem einige Kilo Rauschgift wurden sichergestellt.

So imponierend diese Zahlen klingen - »große Fische« wa-ren kaum unter den Festgenommenen. Zur Verunsicherung der Mitläufer mögen solche Aktionen allerdings schon dien-lich sein.

Ob sich die oberen Etagen der »ehrenwerten Firma« da-durch einschüchtern lassen, ist zweifelhaft. Besonders deut-lich zeigt sich das gerade im Fall des bisher spektakulärsten »Opfers« der Anti-Mafia-Gesetze, des Bauunternehmers Carmelo Costanzo aus Catania. Er dokumentiert, wieviel an undurchsichtigen Geschäften ans Licht kommt, wenn man einmal an der Oberfläche kratzt - und zugleich, daß solche Patrone immer noch die Fähigkeit haben, sich dem Zugriff so lange zu entziehen, bis sie ihre Geschäfte hinreichend ver-dunkelt haben.

Carmelo Costanzo, Gebieter über zahlreiche Firmen im In- und Ausland, Besitzer von Luxushotels und einer Schiffs-flotte, wird zu den engeren Freunden des als mutmaßlichem

159

Dalla-Chiesa-Killer gesuchten Benedetto Santapaola gerechnet; er sah wohl voraus, daß nach der Verabschiedung der neuen Gesetze auch er alsbald ins Visier kommen würde. So steuerte er auf bewährte Weise gegen die neuen Bestimmungen: wenn diese in Kraft treten, drohte er, würde er seine Beschäftigten entlassen und die Firmen dichtmachen - angesichts der hohen Arbeitslosigkeit eine Ankündigung, die bisher immer gewirkt hatte, wenn man gegen den stadtbeherrschenden Costanzo etwas unternehmen wollte. Zur Bekräftigung seiner Macht schloß er eines seiner Baugeschäfte (die »Saline Jonica«) in Calabrien und warf alle 100 Arbeiter auf die Straße; die dringend notwendige Reparaturhalle für die Staatseisenbahn, an der gerade gebaut wurde, blieb unvollendet.[8]

Aber diesmal half es nichts: nun erinnerten sich die Fahnder in Palermo, daß auch Dalla Chiesa schon öfter den Namen Costanzos vermerkt hatte, und am 17. November 1982 drangen die Ermittler in alle Filialen des Großunternehmens ein, beschlagnahmten Unterlagen und verhörten Angestellte. Plötzlich ging es nicht mehr nur um Steuerhinterziehung, sondern um Erpressung öffentlicher Aufträge, Einschüchterung von Konkurrenten, schlecht ausgeführte Gebäude und so weiter. Fast die gesamte Palette des Anti-Mafia-Gesetzes kam zur Anwendung.

Carmelo Costanzo aber war verschwunden. Die sizilianische Polizei suchte ihn vergeblich, fand aber heraus, daß er sich angeblich in Paris aufhält, und so fahndete Interpol volle zwei Monate hinter Costanzo her. Tatsächlich lebte er ungestört in seiner VIlla nahe Catania und meldete sich - unschuldig, wie er beteuerte - am 25. Januar telefonisch bei der Polizei. Aber ehe diese ihn verhaften konnte, war er schon wieder ungreifbar - eine dringend notwendige Bruch-Operation verhalf ihm zu einer weiteren Freiheits-Verlängerung. Erst im Februar konnte er dann - in einem Krankenhaus seiner Wahl - vom zuständigen Ermittlungsrichter erstmals vernommen werden.

Gerade bei solchem Katz-und-Maus-Spiel zeigt sich, daß neue Gesetze alleine nicht helfen. Außerdem: selbst wenn noch so viele mutmaßliche Mafiosi eingesperrt werden - was

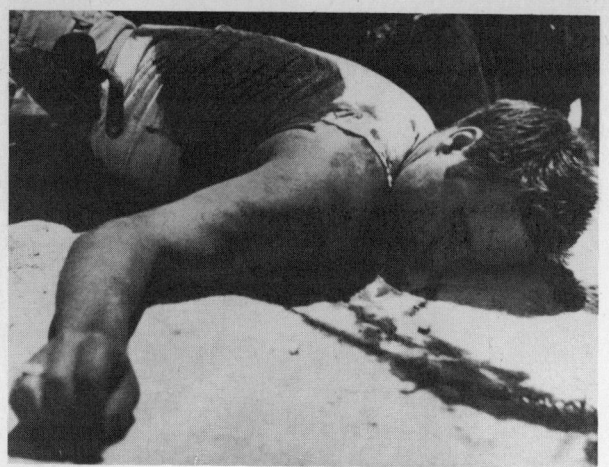

Als er mafiosen Gruppen lästig wurde, ließen sie ihn fallen: Bandit Giuliano

soll denn mit ihnen geschehen? Die Situation der Jurisdiktion hat sich nicht geändert, weder in Palermo noch in Neapel oder Kalabrien haben die Gerichte zusätzliche Kammern bekommen; zu den sowieso schon anliegenden und ständig vertagten Tausenden von Verfahren kommen nun bald noch einmal so viele hinzu. In Sizilien teilen sich drei Ober-Ermittler mit staatsanwaltschaftlichen Befugnissen die Arbeit - von der gewöhnlichen Auftragserpressung bis zum Mordfall Dalla Chiesa.

Die Gefängnisse sind weiterhin überfüllt, die Polizei nach wie vor unterbesetzt, schlecht ausgebildet und miserabel bezahlt. Die Infiltration der Behörden klappt noch immer - in regelmäßigen Abständen müssen Polizeistellen, bis hin selbst zum Hoch-Kommissar De Francesco, in ihrer unmittelbaren Umgebung Leute entlassen, weil sich herausstellt, daß sie aus mafiosen Familien stammen - was vorher offenbar niemanden gestört hatte.

Kaum besonders gute Aussichten für eine langfristige »Bereinigung« des Problems also, wenn man nur die juristische und die administrative Seite betrachtet.

161

Eher schon könnte eine Kehrtwendung römischer Politiker etwas bewirken - wenn sie anhält und nicht vor allem nur
den allbekannten rhetorischen Zwecken dient.

Zunächst wurde die Beerdigung Dalla Chiesas zu einer
Manifestation römischer Entschlossenheit - vom Staatspräsidenten bis zum Innen-, Verteidigungs- und Justizminister
waren alle wichtigen Amtsträger angereist, der Ministerpräsident hielt im ganzen Land Trauerreden.

Danach suchten insbesondere die von der öffentlichen
Meinung stark kritisierten Christdemokraten die Sache so
schnell wie möglich versickern zu lassen - die Angriffe
Nando Dalla Chiesas auf sie lieferten ihnen einen neuen
Feind (er suchte die geistigen Auftraggeber des Mordes an
seinem Vater in der DC-Führung), und eifrig zitierte State-
ments des Präfekten aus den Wochen vor seinem Tod ließen
auch die anderen Parteien (bis hin zur PCI) nicht gerade als
Sympathisanten des Ermordeten erscheinen.

Aber bald begann es innerhalb der Democristiana zu kri-
seln. Partei-Präsident Flaminio Piccoli reiste an und suchte
nach Wegen, die »Kriminalisierung der DC zu verhindern«;
am 4. November 1982 trat die Regionalregierung Mario
D'Acquistos zurück, zum neuen Ministerpräsidenten wurde
ein unscheinbarer Mann namens Calogero Lo Giudice gewählt. Im Februar 1983 platzte auch die Rathaus-Koalition,
und der Bürgermeister Palermos, Martelucci, mußte gehen.

Auch hochrangige DC-Politiker wurden nun ohne Um-
schweife verhaftet, wenn etwas gegen sie vorlag: der oberste
Verwaltungschef Siziliens, Ernesto Di Fresco, wurde schon
im November 1982 wegen Korruptionsverdachtes eingesperrt, einen Monat später gestanden in Gatania reihenweise
DC-Stadträte Bestechlichkeit ein: hier kam erstmals auch ein
hoher Vertreter der Sozialisten ins Gerede, der Vize-Bürger-
meister, der mittlerweile geständig ist.

In Zugzwang geraten waren die bürgerlichen Parteien vor
allem durch eine Massenbewegung, die sich da formierte.
Unzählige Bürgerinitiativen bildeten sich, Manifestationen
mit bis zu 100 000 Teilnehmern gab es in Palermo und Nea-

pel, eine in Sizilien gegründete Gesellschaft »Una città per l'uomo« (Eine Stadt für den Menschen) bekam plötzlich Tausende von Mitgliedern, und in der Campania, vor allem aber in Neapel, schlossen die Geschäftsleute zwei Tage aus Protest gegen die Gewaltkriminalität ihre Geschäfte.

Überdies drängen immer mehr Politiker aus den europäischen Schwesterparteien ihre italienischen Kollegen, gegen die Instabilität in der Region massiv einzuschreiten: die Gefahr, daß sich Anti-Mafia-Bewegungen mit Anti-Rom-Tendenzen verbinden könnten und damit die »politische Mitte« im südlichen NATO-Partner nicht mehr staatstragend sein könnte, bedrückt offenbar auch die Partner außerhalb des Landes zunehmend.

Die Heroisierung Dalla Chiesas und der
Verlust der Basis in der Bevölkerung für mafiose Gruppen

An keiner Stelle wird die Veränderung der öffentlichen Meinung, die die Politiker in Zugzwang bringt, so deutlich wie bei der Heroisierung des ermordeten Dalla Chiesa.

In den letzten drei Jahren vor dem Attentat waren in Sizilien, wie erwähnt, zahlreiche hochrangige Politiker und Beamte umgebracht worden. Keiner, auch nicht der in der Amtshierarchie wesentlich höher rangierende Ministerpräsident Mattarella, wurde post mortem so zum Gegenstand allgemeiner Emotion wie der Carabinieri-General.

»Hier fiel die Hoffnung der ehrbaren Palermitaner«, stand auf einem handgeschriebenen Plakat, das an der Mordstelle an die Wand geheftet wurde; später wurde es durch »Carlo Alberto - sie werden nicht siegen« ersetzt.

Als der ehemalige Ministerpräsident Aldo Moro am 9. Mai 1978 ermordet wurde, war ganz Italien entsetzt - aber es gab nicht den leisesten Versuch, diesen Demokraten zum Helden zu machen, obwohl er vor seinem Tod noch 55 Tage unter gräßlichen Umständen »verhört« und gequält worden war. Der eher als Machtmensch einzustufende Dalla Chiesa aber wurde im demokratischen Italien zur Identifikationsfigur.

War er von der Bevölkerung - und auch von vielen Politikern - als eine Art letzter Rettungsanker angesehen worden? Hatte man ihm ebenso spektakuläre Erfolge zugetraut wie bei der Befreiung des NATO-Generals Dozier Anfang 1982?

Oder zeigte sich hier vor allem die Romantisierung des Toten, weil zugleich seine junge Frau mit erschossen worden war?

Mit Sicherheit hat die Ermordung von Emanuela Setti Carraro die neue Dimension der Rücksichtslosigkeit innerhalb der Mafiageschäfte besonders deutlich gemacht: früher waren wenigstens die Frauen geschont worden. Die »Ehrenwerte Gesellschaft« hatte in diesem Moment etwas verloren, dessen Bedeutung ihr wahrscheinlich selbst erst nach und nach bewußt wird: das Odium des »Ehrenwerten«.

Francesco Alberoni hat den Verlust des Rückhalts im Volk anhand der neuen Anti-Mafia-Volksbewegung und der Heroisierung Dalla Chiesas zu analysieren versucht:

>»Denken wir einmal an einen Film wie ›Der Pate‹. Es ist die Geschichte eines Kampfes bis aufs Blut, gegen unerbittliche Feinde. Der Pate ist ein epischer Held, wie Odysseus, Herkules, Samson, Dietrich von Bern. In all den antiken Gesellschaftsformen hat die Anzahl der Morde einen Wert, und zwar um so höher, je mutiger und tapferer der Feind ist . . . Diese antike Welt hat den General Dalla Chiesa mit ihren Symbolen umhüllt, schon seit er zum Präfekten von Palermo nominiert worden war. In ganz Italien haben sich die Leute gefragt, warum er nominiert wurde, warum er angenommen hat. Alle wußten, daß Dalla Chiesa in den Tod gehen würde. Für die Mafia war es eine Gelegenheit für einen glänzenden Sieg . . . Der Überwinder der Roten Brigaden . . . war nicht nur ein Feind - er war zugleich eine Beute. Die Mafia hatte Eile. Sie warf ihm die Leiche Pio La Torres vor die Füße - und brachte dann ihn selbst um. Die Mafia hatte nicht nur Eile aus Angst, sondern auch um zu demonstrieren, wie leicht ihr der Sieg fällt. Um jenseits aller Zweifel ihre unausweichliche Souveränität zu bekräftigen. Doch diesmal hat irgendetwas nicht funktioniert. Dalla Chiesa wurde sofort durch einen mit außerordentlichen Vollmachten ausgestatteten Funk-

tionär ersetzt. Das Parlament hat genau das von La Torre vorgelegte Gesetz gebilligt. Manche meinen, daß die Mafia diesmal zu hoch gezielt und den Irrtum der Roten Brigaden wiederholt hat, als diese Aldo Moro umbrachten. In Wirklichkeit war Dalla Chiesa in der politisch-staatlichen Hierarchie gar nicht hoch oben. Mattarella stand viel höher, und sein Tod brachte keinerlei Reaktion, eher Gleichgültigkeit hervor. Nein, die Erklärung ist eine andere. Der Irrtum der Mafia lag darin, nicht verstanden zu haben, daß Dalla Chiesa ein Volksheld war. Der Sieger über die Roten Brigaden wurde nie von den Politikern geliebt, wohl aber vom Volk.«[11]

Und das, so die Einschätzung Alberonis, kann der Mafia das Kreuz brechen. »Denn sie hat nicht, wie bei ihren bisherigen Morden, Bewunderung gefunden, sondern Haß auf sich selbst hervorgerufen, das Verlangen nach Rache. Und solange der Mythos ›Dalla Chiesa‹ am Leben bleibt, wird auch dieses Verlangen am Leben bleiben, und die Politiker werden zum Handeln gezwungen sein.«[12]

Die Gründe liegen aber nicht allein in der Ermordung Dalla Chiesas; Alberoni stellt bei seiner ansonsten sehr zutreffenden Einschätzung zu sehr auf diese einzige Tat ab. Vielmehr hat dieser Mord vor allem *sichtbar* gemacht, daß den mafiosen Gruppen die Massenbasis fehlt. Unterschwellig hat sich diese Entwicklung schon seit Jahren angebahnt, und die Vorstöße, etwa der von Pio La Torre Anfang 1982, waren schon Ausdruck dieser gewandelten öffentlichen Meinung gewesen. Weder die gegenseitigen Ausrottungsfeldzüge der Clans, noch die Morde an Hunderten kleiner Randfiguren, noch der Krieg gegen die Staatsmacht zeigten noch irgendwelche Zusammenhänge mit verwurzeltem sizilianischem Denken. Es war und ist längst kein Kampf mehr im Sinne überlieferter »männlicher« oder »sizilianischer« Rechts-Autonomie. Fast symbolisch greifbar wurde dies spätestens, seit sich die Mafia-Methoden grundlegend wandelten und statt der »lupara« und dem Revolver zuerst Sprengstoff und dann die Maschinenpistole als Tötungsinstrumente verwendet wurden, Waffen, die nicht mehr auf den Gegner alleine zielen, sondern auf jeden, der zufällig dabei ist.

Den Sizilianern wurde klar, daß dies kein Krieg zum Schutz gegen römische Ausbeutung ist, und schon gar kein sozialrevolutionärer Aufstand. Vielmehr ein Kampf um Märkte und Monopole - und die umgebrachten Staats-Diener wurden, jeder für sich und auf seinem Gebiet, zum Zeichen für den Widerstand gegen die Vereinnahmung des Sizilianismus für brutale Bereicherungs-Machenschaften.

In Dalla Chiesa mit seiner Forderung nach sektorenüberschreitender Kompetenz vereinigten sich in gewisser Weise alle bisher getöteten Spezialisten - die Bevölkerung hatte in ihm ein Sinnbild für den Kampf gegen mafiose Geschäfte gefunden. Nach seiner Ermordung hat die Ablehnung des organisierten Verbrechens erstmals breite Schichten erfaßt.

Die neue Rolle der Kirche - oder doch wieder die alte?

Bis zum 21. November 1982 schien es, als erwüchse dieser neuen Qualität der Anti-Mafia-Bewegung auch noch von anderer Seite her gewichtige Hilfe: von der katholischen Kirche und ihren hohen Repräsentanten.

Dann kam Papst Johannes Paul II. nach Palermo, und seither ist alles wieder offen.

Die katholische Kirche hatte sich in der Vergangenheit nicht eben ausgezeichnet im Kampf gegen mafiose Verbrechen. Wenn Geistliche in dieser Sache von sich reden machten, dann eher in negativer Hinsicht - so z. B., als in den fünfziger Jahren die Mönche von Mazzarino (bei Piazza Armerino) sich an Mafia-Unternehmungen beteiligt hatten oder als in den letzten Jahren wiederholt der »Pfarrer der Mafia«, Augostino Coppola, im Zusammenhang mit Entführungen und Erpressungen eingesperrt wurde. Ansonsten beschränkten sich katholische Geistliche vor allem auf die bekannten Aufrufe zur Beendigung aller Gewalt, die gerne am Grab von Ermordeten verlesen wurden.

Seit dem öffentlichen Meinungsumschwung gab es jedoch immer deutlichere Signale aus den bischöflichen Kanzleien, daß man bereit sei, an der Seite staatlicher Streiter gegen die mafiose Gewalt zu kämpfen.

Dazu mag beigetragen haben, daß die Bindung zwischen

Christdemokraten und Kirche in den letzten Jahren spürbar lockerer wurde; die Christdemokraten hatten als »Schutzmacht« für kirchliche Belange einigemale deutlich versagt (so beim Scheidungsrecht und bei der Abtreibung) und das 2. Vatikanische Konzil hatte überdies schon lange eine politische Öffnung auch zu laizistischen Parteien eingeleitet.

So kam aus dem Palais des Erzbischofs von Palermo deutliche Schützenhilfe für General Dalla Chiesa: »Die Kirche muß sich ohne jegliche Angst in die vorderste Linie des Kampfes gegen die Mafia einreihen.« Und: »Der General hat völlig Recht mit seinen Analysen und seinen Forderungen.«[13]

Insbesondere Kardinal Pappalardo, ranghöchster Bischof Siziliens, ermunterte Dalla Chiesa in Zeiten, wo dieser resignative Züge zeigte, und suchte immer offener die Konfrontation mit dem organisierten Verbrechen. Mit seiner ausdrücklichen Billigung verlasen Anfang August alle Priester im sogenannten »triangolo di morte«, dem Todesdreieck zwischen Bagheria, Altavilla und Casteldaccio an der Nordküste, einen erbitterten Brief gegen die Gewalttaten, nachdem es dort innerhalb einer Woche mehr als ein Dutzend Toter gegeben hatte.

Als Dalla Chiesa umgekommen war, setzte sich der Kardinal unverzüglich an die Spitze der Ankläger. Während der Papst ein relativ belangloses Beileidsschreiben nach Palermo sandte, warf der Kardinal während des Requiems den versammelten Politikern ein altes Sallust-Wort an den Kopf: »Dum Romae consulitur, Saguntum expugnatur« - Während in Rom beraten wird, fällt Sagunt! Die versammelte Menge applaudierte in der Kirche minutenlang.

Danach machte Pappalardo all seinen Einfluß geltend, um kirchlicherseits die weitestgehende Kampfansage an die Mafia zu ermöglichen: die Exkommunikation.

Es mag für Nichtitaliener nicht gerade als ein probates Mittel erscheinen, die Mafia mit Hilfe des Ausschlusses von den Sakramenten und verschiedenen Höllenstrafen zu bedrohen - im katholischen Süden hätten solche Maßnahmen eine unvorstellbare Wirkung. Denn einerseits sind bis heute die meisten Mafiosi durchaus eifrige Kirchgänger (zumindest ihre

Frauen und Kinder) und legen Wert auf religiöse Riten und Zeremonien; zum anderen würde gerade der Ausschluß aus der katholischen Gemeinschaft ganz besonders die endgültige Zerstörung des »ehrbaren« Odiums manifestieren, das den Rückhalt in der Bevölkerung traditionell ermöglicht hatte.

Die Drähte prominenter sizilianischer DC-Politiker zum Vatikan liefen nun heiß[14] - mit dem Herunterspielen mafioser Gefahren, Andeutungen über keimenden Separatismus, ja sogar Interventionen anderer hoher Geistlicher suchte man der drohenden Gefahr zu begegnen: ein Zeichen dafür, für wie wichtig man die Sache hielt. Die Aktion hatte bald Erfolg. Der frühere Erzbischof von Palermo, Francesco Caprino, erklärte, daß »weder die sizilianische Kirche noch der Vatikan je daran gedacht haben, die Mafia zu exkommunizieren«.[15]

Da bekamen die Geistlichen um Pappalardo aus anderen Teilen Italiens Hilfe. Die Bischöfe von Neapel untersagten zunächst das für Christen wichtige feierliche Ritual bei Beerdigungen von notorischen Camorra-Mitgliedern[16] und beschrieben in einem eigenen Manifest eingehend, wie deutlich sie die Verwurzelung des kriminellen Untergrundes in die gängigen Geschäftspraktiken erkannt hatten: »Alles steht unter dem Gesetz des Profits, der Ausbeutung des Menschen durch den Menschen, ohne Grenzen und Ende, wenn es um die Mittel zur Herrschaft über die Märkte und die neuen Waffen- und Rauschgiftwege geht.« Deshalb bedrohten sie mit ihrer Maßnahme nicht nur Mitglieder von Racketts oder Killer, sondern auch Wahlbetrüger, Erpresser von Bauaufträgen und camorra-hörige Politiker.[17]

Kurze Zeit später sekundierte auch noch ein norditalienischer Bischof der Exkommunikations-Bewegung: der Bischof Luigi Bettazzi aus Ivrea wies den Papst darauf hin, daß er erst kürzlich alle Mitglieder von Freimaurer-Logen exkommuniziert habe - »dann muß jedes Mafia-Mitglied mit mindestens derselben Berechtigung exkommuniziert werden«.

Schließlich erinnerte sich, als Hilfe aus Rom ausblieb, ein Sekretär der sizilianischen Bischofskonferenz noch daran, daß schon einmal von höchster Stelle der Bann gegen Mafiosi ausgesprochen worden war - 1944 und 1952. Die Insel-Bischöfe erneuerten diese Maßnahme, zu der es zunächst keiner

Erlaubnis bedurfte, weil sie ja niemals außer Kraft gesetzt worden war.

Dann kam der Papst persönlich nach Sizilien und alles wartete auf die Bestätigung der bischöflichen Maßnahme. Da die mafiosen Clans dem Papst gleichsam zur Begrüßung vier Mordopfer vor die Füße geworfen hatten - darunter einen 17jährigen Jungen - konnte man eigentlich nichts anderes mehr erwarten.

Zweimal erwähnte der heilige Vater in seiner Rede die Mafia. Die Exkommunikation kam nicht vor.

Im Redemanuskript - das unvorsichtigerweise schon gedruckt war - prangerte ein zentraler Passus die »Zersetzung« an, den »Fatalismus, das verbrecherische Herunterspielen der Kriminalität, die so viel Blut und Tote auf euren Straßen hinterlassen und die die offene moralische Verdammung wohl verdient haben, die kürzlich von euren Bischöfen erneuert wurde und die ich voll und ganz teile«.[18]

Genau diesen Passus aber ließ der Papst bei seiner Rede in Palermo aus.

Man kann die Wirkung dieser päpstlichen Zurückhaltung nicht hoch genug einschätzen. Möglicherweise ist sie der wichtigste Ansatzpunkt für eine neue Konsolidierung der mafiosen Gruppen und Aktivitäten in Sizilien. Der Publizist Giorgio Bocca brachte das Ergebnis auf eine einfache Formel: »Die Mafia hat gewonnen.«[19]

Mafia-Bosse sehen es wohl ähnlich: Ende April 1983 setzten 200 ihrer Leute im Gefängnis Ucciardone einen Boykott aller 850 Insassen gegen eine vom Kardinal Pappalardo zelebrierte Messe durch.

Überlebenschancen - mäßig bis gut

Es gibt, neben dem Rückzug der Kirche aus der vordersten Linie der Anti-Mafia-Kämpfe, noch weitere Aspekte, die das Überleben mafioser Gruppen trotz der augenblicklichen Turbulenzen zumindest offenhalten.

Alle Spekulationen bezüglich eines »Untergangs« der Ma-

fia stützen sich heute vorwiegend auf Vorfälle, die im städtischen Mafia-Bereich geschehen. Außer acht bleibt dabei, daß
Sizilien nicht nur aus den großen Metropolen an der Küste
besteht, sondern mehrere tausend kleinere Ortschaften mit
noch überwiegend ländlicher Struktur besitzt. Dort haben
die Ortsgewaltigen noch keineswegs alle jene Unarten angenommen, die der städtischen »Firma« den Ruch des »Ehrenwerten« genommen haben. Schon einige Male kamen in Zeiten größerer Krisen (etwa nach dem Faschismus) gerade aus
den kleinen Städten und den Dörfern neue Clans, die frisches
Blut und neue Methoden in die Städte brachten - das Wirken
der Corleonesier ist hierfür ein Beispiel.

Ein weiterer Grund für ein mögliches Überleben ist, daß
sich organisierte Kriminalität heute nicht nur in Sizilien, sondern in allen westlichen Kulturen und besonders in allen
Großstädten als fester und nahezu unbesiegbarer Faktor hält.
Es mag mitunter gelingen, örtliche, regionale oder gar internationale Organisationen (wie die »French Connection«) zu
zerschlagen; es mag auch sein, daß die Erfolge der letzten Zeit
den Rauschgift- wie den Waffenhändlern Schwierigkeiten
bereiten. Damit wird jedoch die multinationale ebenso wie
die regionale »Industrie« allenfalls zu Verlagerungen, Umlei-
tungen, Umstrukturierungen gezwungen, was zwar manchen Verlust, aber angesichts noch immer steigender Absatz-
märkte in den Hauptgeschäftsbereichen noch nicht den Zusammenbruch des Gewerbes insgesamt bedeuten muß.

Daran wird sich wohl nicht viel ändern, selbst wenn es gelingen sollte, Stadt- und Regionalverwaltungen sowie die Politik allgemein weitgehend von korrupter Verfilzung und
Mafia-Hörigkeit zu befreien und die nach Süden fließenden
Entwicklungsgelder auch sinnvoll in Schulen, Sozialwoh-
nungen, Krankenhäusern und Kleinbauernhilfen anzulegen.

Denn sicher hat zwar die Transformation der mafiosen Geschäfte die gesellschaftliche Verwurzelung zerstört und auch
eine Identitätskrise der Mafiosi ausgelöst; sicher hat die Annäherung an Methoden des nackten Großstadtgangstertums
das Odium der »Ehrbarkeit« für lange Zeit ausgelöscht und
das traditionelle Zusammenspiel von legalem und illegalem
Geschäft und von Politik mit Mafia empfindlich gestört: aber
ebenso sicher bietet gerade dieser auf den ersten Blick für ma-

fiose Geschäfte verderblich aussehende Übergang zu nackter Gewalt und zu reiner Illegalität aller Unternehmungen derzeit wohl die beste Aussicht, zunächst einmal die allergrößten Turbulenzen zu überstehen und sich möglicherweise danach auf anderer Basis wieder zu konsolidieren. Mafiose Firmen können sich heute zwar nicht mehr auf die Hilfe aus der Bevölkerung verlassen; aber dafür sind die im illegalen Rauschgift- und Waffengeschäft erzielten und erzielbaren Umsätze um ein Vielfaches höher als alles, was vordem aus den erpreßten »legalen« Tätigkeiten zu gewinnen war. Mafiosi brauchen heute die staatlichen Bauaufträge, in den siebziger Jahren noch Haupterwerbszweig, schlicht nicht mehr. Und sie brauchen auch nicht mehr eine auf archaische Mythen gegründete Verschwiegenheit - sie setzen sie mit Kalashnikovs und Dynamit durch.

Überlebenswichtig für italienische mafiose Gruppen ist, daß die internationalen Organisationen nicht ihr Vertrauen in die Zuverlässigkeit und jederzeitige Einsatzbereitschaft der Sizilianer verlieren - ein Vertrauen, das zu Beginn der achtziger Jahre wegen des Betrugs der capi Inzerillo und Bontade und der verpatzten Sindona-Affäre ebenso gelitten hatte wie durch die böse Ahnung, daß die neu eingesetzten Leute in Polizei und Verwaltung am Ende doch nicht richtig in den Griff zu bekommen seien.

Der Mord an Dalla Chiesa mag der Wiederherstellung des notwendigen Vertrauens ebenso gedient haben wie die prompte Eliminierung des ersten wichtigen »pentito«, Armando Di Natale (der zu Anfang dieses Buches erwähnt wurde), und das erfolgreiche Attentat auf den Staatsanwalt 1983. Den obersten Ermittlungsrichter Palermos, Rocco Chinnici, sprengten Mafiosi Mitte 1983 gleich mit einer 100-Kilo-Bombe in die Luft; kurz zuvor war ihnen auch noch der Leiter des Überfallkomandos von Monreale, Mario D'Aleo (Nachfolger Emanuele Basiles) zum Opfer gefallen. Solange Killer- und Einschüchterungstrupps gleichsam mit der Waffe im Anschlag in Sizilien herumlaufen können (trotz des »Hoch-Kommissars« und der zahlreichen zusätzlichen Agenten), helfen auch noch so besuchte Veranstaltungen und machtvolle Demonstrationen wenig.

Der Faktor Zeit arbeitet zudem zweifellos für und nicht

gegen mafiose Interessen. Die Ablenkungsmaschinerie läuft auf Hochtouren, Untersuchungen in Sizilien und Kalabrien werden durch örtliche Behörden bereits wieder massiv behindert. »Ist der Effekt ›Dalla Chiesa‹ schon wieder verschwunden?« fragte Franco Recanatesi zu Recht bereits gut drei Monate nach dem Mord an dem Präfekten.[20]

Und seit die Anschuldigungen gegen Alvaro zusammengebrochen sind, Alternativen aber nicht in Sicht kommen, beschäftigt sich noch immer eine stattliche Anzahl von Agenten mit der Frage, warum Spinoni denn nun gelogen hat - und zu wessen Gunsten.

Dabei ist der Trick mit der falschen Anschuldigung zum Zwecke der Ermittlungsbehinderung wahrlich nicht neu. Als z. B. 1971 der Generalstaatsanwalt Scaglione ermordet wurde, bekamen die Polizisten alsbald einen »Täter« zu fassen - einen schreib- und leseunkundigen, kranken Händler, der eine Pistole in der Tasche hatte. Zwei Monate brauchten die Fahnder, um herauszufinden, daß alles nur eine gelegte Falschspur war. Sie trug dazu bei, daß die Sache niemals aufgeklärt wurde.

Der ermordete Alberto Dalla Chiesa wäre auf den Trick Spinonis 1982 wohl nicht hereingefallen.

Denn damals, im Fall Scaglione, war Dalla Chiesa selbst Leiter der Carabinieri von Palermo gewesen.

Nachbemerkung zur Auflage von 1986:
Der »Maxi-Prozess« von Palermo

Im Herbst 1984 sickerte aus den Justizbehörden Palermos eine Sensation durch: Tommaso Buscetta, ein halbes Jahr zuvor in Südamerika gefaßter »Boss der zwei Welten« - aus dem Ambiente Inzerillo-Bontade-Spatola - habe mit den Staatsanwälten zusammenzuarbeiten begonnen.

So war es. Angeführt vom erfahrensten palermitanischen Mafia-Fahnder Giovanni Falcone brachte eine Gruppe von vier Ermittlungsrichtern eine fast neuntausend Seiten starke Anklageschrift zustande, aufgrund deren 475 mutmaßliche Mafiosi vor Gericht mußten. Der »Processone«, überschwenglich auch als »Super-Prozeß«, »Jahrhundert-Prozeß« oder »Maxi-Prozeß« bezeichnet, begann am 15. Februar 1986; zwei weitere Verfahren sollen folgen. Im ersten Teil geht es um die »unpolitischen« Verbrechen (wiewohl auch der Fall Carlo Alberto Dalla Chiesa zur Aburteilung steht). Erst im zweiten sollen die politischen Verbindungen untersucht werden. Dann wird auch der - mittlerweile aus der DC ausgeschlossene und mal unter Hausarrest gestellte, mal verbannte - Ex-Bürgermeister Vito Ciancimino angeklagt werden.

Die Vettern Salvo, mächtigste Parteisponsoren der Insel (soviel bekannt, nicht nur der DC, wenn auch den Christdemokraten der Löwenanteil zufloß), Steuerpächter und Unternehmer, sind schon beim ersten Prozeß mit von der Partie; Nino Salvo jedoch verstarb kurz vor Prozeßbeginn.

Die Erwartungen gegenüber den Verfahren sind groß. Buscetta hatte während der Ermittlungen die ganze Geographie der Mafia preisgegeben, geschildert, wie ihre »Gipfeltreffen« (in der sogenannten »Commissione«, bestehend aus Clan-Delegierten) funktionieren, und erklärt, daß es die »cuppola«, das gemeinsame Gremium aus Mafia-Spitze und Politikern, wirklich gebe.

Besonders wichtig für den Fortgang der Dinge war dann die Tatsache, daß Buscetta auch nicht zurückzog, als gerade vor seinem Eintreffen zum Prozeß im angeblich hundertprozentig sicheren Spezialgefängnis von Voghera in Oberitalien der zwei Tage zuvor wegen Ermordung seines Konkursverwalters zu lebenslänglich verurteilte »Bankier der Mafia«, Michele Sindona, auf bisher ungeklärte Weise an Zyankali starb (was von vielen Beobachtern als »Hinweis« der Mafia an Buscetta gedeutet wurde: Sieh, selbst im Hochsicherheitstrakt können wir morden).

Dennoch: Was Buscetta den Staatsanwälten und später dem Gericht erzählte, ist wesentlich Historie; über den ganz aktuellen Stand der »Geschäfte« weiß er nichts. Da er seit Beginn der achtziger Jahre zu den untergehenden Clans gehörte, hat er die aktuelle Entwicklung nicht mehr »innerhalb« der »Ehrenwerten Gesellschaft« erlebt, sondern nur mehr aus der Sicht dessen, dem das Leben von den siegreichen Clans sauer gemacht wurde - mehr als ein Dutzend Verwandte sollen ihm die Geschäftsgegner weggeschossen haben. Die nun von ihm angeschuldigten Clans sind zwar die »Siegreichen«, die Marchese und die Greco und insbesondere die aus Corleone um Liggio und Riina: aber sie hatten, seit 1984, genug Zeit, sich anders zu orientieren; und tatsächlich haben die Behörden bereits Indizien, daß die Labors ebenso wie die Steuerungszentralen längst ins Ausland, teilweise in den Fernen Osten, verlegt wurden.

Buscetta begann seine Zusammenarbeit denn auch eher aus purer Not - seine Getreuen schrumpften immer mehr - und aus Rache denn aus gewandelter Überzeugung. Ausdrücklich will er daher auch kein »Pentito« sein (»pentirsi« heißt »bereuen«; der »pentito« ist nach italienischer Rechtsdefinition ein »reuiger« Verbrecher, der eine Art »Kronzeuge« darstellt; in Terroristenprozessen gab es dafür erhebliche Strafnachlässe, bei Mafia- und Camorra-Verfahren ist diese Rechtsfigur jedoch umstritten). Buscetta jedenfalls sagte gleich zu Beginn seiner Einlassung vor dem Schwurgericht in Palermo: »Non sono pentito, perché non ho niente da pentirmi«, Ich bin kein Reuiger, denn ich habe nichts zu bereuen. Für den »Superzeugen« war das Handeln der »alten« Mafia - also der bis in die siebziger Jahre regierenden -

174

durchaus ehrenwert; erst danach, mit dem großen Rausch-gift - und Waffenprofit, begann das »Unehrenhafte«, mit dem er »nichts mehr zu tun haben wollte«.

Der »Processone« in Palermo hat zuweilen wohl eher possenhafte, mitunter makabre Züge - und dies nicht nur, weil Oldtimer wie Luciano Liggio das Gericht immer wieder lächerlich machen, sondern weil eine ganze Nation ihre Hoffnungen auf einen Massenmörder wie Buscetta - verant-wortlich für ein paar Dutzend Morde - oder seinen Kollegen Totuccio Contorno (als notorischer Killer nun ebenfalls »pentito«) setzen muß, um der Mafia beizukommen.

Während Giorgio Bocca, der 1983 die Mafia gewinnen sah, nun schreibt: »Die Mafia hat verloren«, zeigen sich die Mafia-Clans nur mäßig beeindruckt von dem Verfahren: sie haben inner- wie außerhalb der 32 Käfige im extra auf den Gefängnisgelände in Palermo erbauten Hochsicherheitsge-richtssaal die Dinge fest in der Hand. Per Flüsterpropaganda wurde das Niedrighängen der Veranstaltung verfügt - tat-sächlich kamen monatelang jeweils kaum ein Dutzend Zu-schauer als »Öffentlichkeit« zu den Verhandlungen; ledig-lich als Buscetta aus den USA eingeflogen wurde - er dient dort auch als Zeuge, gegen die »Pizza Connection«, eine Mafia-Cosa-nostra-Binnenstruktur - wurde es voller; seither ist wieder gähnende Leere auf den Zuschauerplätzen. Große Bosse - wie etwa der »Papst« (Mafia-Jargon) Michele Greco - lebten bis in den März 1986 trotz jahrelanger steckbrieflicher Suche ganz ruhig in einem Bauernhaus nahe der sizilia-nischen Hauptstadt, ebenso wie sich ein ganzes Dutzend mittlerweile, meist zufällig, gefaßter Mafia-Killer noch im-mer nahe Palermo tummelte. Auch die Verschleppungstak-tik der Anwälte klappt glänzend - sie wollen so lange verzögern, bis die meisten Angeklagten wegen Überschrei-tens der höchstzulässigen Dauer der Untersuchungshaft frei-gelassen werden müssen und somit abtauchen können. Da von den 474 Angeklagten sowieso nur gut 200 eingesperrt sind (der Rest ist flüchtig - gut 100 - oder auf freiem Fuß), wird möglicherweise selbst bei Verurteilungen kaum eine destruktive Konsequenz für die Clans eintreten.

Eher schon könnten andere Entwicklungen der Mafia Schaden zufügen. Trotz des Rückzugs der »offiziellen« Kirche (Kardinal Pappalardo spricht heute nur noch davon, daß man »nicht immer von der Mafia sprechen soll«) hat sich eine doch immer stärkere Antimafia-Bewegung herausgebildet. In vorderster Linie stehen dabei - für Sizilien ein ungeheuerlicher Vorgang - die »Frauen gegen die Mafia«; daneben auch Informations- und Studienzirkel und politische Vereinigung wie etwa das »Centro Impastato«, sowie mehr oder weniger kontinuierlich arbeitende Gruppen innerhalb der Gewerkschafts- und Schülerbewegung und vereinzelte Priester. Daß sich Antimafia-Aktionen auch über Sizilien hinaus landesweit organisieren lassen, führt seit drei Jahren erfolgreich Nando Dalla Chiesa, der Sohn des ermordeten Präfekten, vor: er hat nicht nur mit seiner Abrechnung gegenüber den »Ehrenwerten« und ihren getreuen Politikern in seinem Buch »Delitto imperfetto« (dt. »Der Palazzo und die Mafia«) einen Bestseller geschrieben, sondern auch in unzähligen Veranstaltungen die Aufmerksamkeit der Öffentlichkeit wachgehalten. Als sich zu Beginn des Prozesses in Palermo zeigte, daß die angeklagten Mafiosi faktisch sämtliche Verteidiger der Stadt und der Provinz für sich engagiert hatten und so die möglichen Nebenkläger (Angehörige von Mafia-Opfern) keine Rechtsanwälte mehr fanden, genügte ein Aufruf Nando Dalla Chiesas, und schon kamen gleich mehrere Dutzend Anwälte aus ganz Italien, die sich unentgeltlich zur Verfügung stellten.

Vor allem die Frauenbewegung gegen die Mafia macht der »Ehrenwerten Gesellschaft« zu schaffen. Sie entstand durch den Einsatz der Witwen und Mütter von Mafia-Opfern, besonders der Frauen des ermordeten Staatsanwalts Costa und des Richters Terranova. Mittlerweile gehören die Vereinigung »Donne siciliane contro la mafia« Journalistinnen, Hausfrauen, Lehrerinnen, Gewerkschafterinnen, Rechtsanwältinnen usw. an; sie veranstalten Tagungen - etwa unter dem Thema »Der Maxi-Prozeß aus der Sicht der Frauen« - geben sich gegenseitig Hilfe beim Bewältigen des Drucks, der auf sie ausgeübt wird und sammeln für bedürftige Kolleginnen Geld - eine Aktion, die den »Ehrenwerten« ganz besonders die Maske abreißt, haben sie doch ihren Ruf stets auch damit begründet, daß sie für die Hinterbliebenen der »Gefallenen« sorgen. Tatsächlich geschah dies faktisch nie -

aber im Stricken von Legenden war die Mafia schon immer Meister.

Die »Frauen gegen die Mafia« haben mittlerweile weit über bloße Bekämpfung der »onorata società« hinausgegriffen: ihre Bewegung ist zu einer Emanzipationswelle geworden, die die traditionell enorm unterdrückten sizilianischen Frauen aus dem Kochtopf-Ghetto herauszuholen beginnt und dabei jene »Freiräume« nutzt, die ihnen gelassen wurden - die häusliche Beeinflussung, vor allem die Erziehung. Und so finden sich heute bei den verschiedenen Antimafia-Bewegungen immer mehr Jungen und Mädchen aus mafiosen Häusern (bis hin zu den »Spitzenclans« der Greco und Marchese), die voller Engagement den Kampf gegen die Mafia mittragen. Wenn es wirklich gelingen sollte, den »Ehrenwerten« Probleme zu bereiten, dann durch diese Kämpfe - auf dem Sektor der Ideologie und der Kultur, eben jenem »Wasser«, in dem die Mafia so trefflich zu schwimmen verstand.

Epilog

Es war sicher *auch,* aber *nicht nur* historisches Interesse, das mich zur Abfassung dieses Buches getrieben hat.

Natürlich liegt es für einen Geschichts-Schreiber nahe, sich im Rahmen seiner Arbeiten über Volksaufstände und Massenbewegungen auch einmal der Gegenwart zu widmen und sich über die Komplexität gesellschaftlich verwurzelter Gegen-, Schatten- oder Komplementär-Mächte (wie immer man es nun nennen mag) nicht nur längst vergangener Zeiten zu orientieren, sondern sich selbst der Undurchschaubarkeit, der tastenden Analyse auszusetzen, die jede Gegenwart mit sich bringt.

Aber der Fall »Mafia« geht weit über akademisches Interesse hinaus. Er berührt eine Sphäre gerade beim Intellektuellen, die in aller Regel eher verdeckt als bearbeitet wird: das Verhältnis zum Verbrechen in einer Gesellschaft, der er selbst kritisch gegenübersteht.

Sich einer Realität wie der Mafia an Ort und Stelle ausgesetzt zu sehen, täglich Morde und Gewalttaten in fühlbarer Nähe zu erleben, die abgrundtiefe Unwertigkeit des Lebens im mafiosen Kalkül zu spüren - und dennoch mit sich uneins zu sein, ob man gegen derart unmenschliche Tötungsenergie nach »dem Staat« rufen soll: das gehört zu den Erfahrungen, die aufzuarbeiten wir heute noch kaum Instrumente entwickelt haben.

Es wäre für den Kampf gegen das mafiose Verbrechen - das ja keineswegs so weit von uns entfernt ist, wie die 2000 Kilometer Luftlinie bis Sizilien es vorspiegeln - viel gewonnen, wenn sich durch dieses Buch wenigstens Ansätze für eine Diskussion über dieses Thema gewinnen ließen.

Georgenhausen, April 1983   *Werner Raith*
Terracina, Mai 1986

Anmerkungen

Prolog

[1] Berichte der Carabinieri-Station Alessandria und Palermo vom 12. und 13. 10. 1982.

[2] Vgl. weiter unten die Liste in »Die Kriegserklärung«.

[3] Z. B. wurde am 7. 10. 1982 bei Avellino der Killer Mario Cuomo befreit, ein Carabiniere getötet. Vgl. auch das Kapitel *Karrieren* (Cutolo und Maresca).

[4] Wie den inhaftierten Alfio Ferlito, Mafia-capo aus Catania.

[5] Besonders spektakulär 1954 die Vergiftung Gaspare Pisciottas im Gefängnis; er galt als Mörder des Banditen Giuliano.

[6] Etwa den Chirurgen Antonio de Rosa in Giuliano bei Neapel (24. 10. 1982). Der Rechtsmediziner Paolo Giaccone wurde am 11. 8. 1982 in Palermo wegen seiner Aussagen gegen Mafiosi getötet.

[7] In den Akten der Anti-Mafia-Kommission finden sich viele illustre Namen. In den 50er Jahren war z. B. Bernardo Mattarella Staatssekretär (vgl. Kapitel *Karrieren* - Ciancimino) - ein notorischer Mafia-Begünstiger; in den sechziger Jahren war Ciancimino (s. u.) Bürgermeister und sein Gönner Giovanni Gioia in der DC-Spitze: letzterem und noch einigen dazu darf nach rechtskräftigem Gerichtsurteil von 1976 nachgesagt werden, daß sie Mafiosi seien; der Publizist Michele Pantaleone war von der Anklage der Verleumdung freigesprochen worden. Auch über den - noch immer amtierenden - Europa-Abgeordneten Salvo Lima, DC, findet sich manches Dokument; der Minderheitenbericht setzt sich ausführlich mit seiner Rolle auseinander.

[8] Seit Oktober 1982 wird gegen mehr als 50 sizilianische Bauunternehmer wegen unlauter erworbener Aufträge ermittelt.

[9] Das Belice-Tal im Südosten Siziliens wurde 1968 durch ein Erdbeben zerstört, die Gegend von Avellino bei Neapel 1980. Mehrere Milliarden DM flossen jeweils dorthin; über 60 % wurden, nach kirchlicher Berechnung (s. Kapitel *Die notwendige Differenzierung*) von mafiosen Firmen ohne reale Gegenleistung vereinnahmt.

[10] An einem einzigen Tag (30. 11. 1982) starben bzw. verschwanden 18 Personen. In weniger als zwei Stunden fand die Polizei fünf Leichen - ausgerechnet von den Banden, die zu den »siegreichen« zählen.

[11] Z. B. der in Entführungsfälle verwickelte »prete della mafia«, Agostino Coppola, oder die Mönche des Klosters Mazzarino, die bis hin zu Morden mafiose Tätigkeiten ausgeführt hatten. Vgl. dazu Alessi; Lewis.

[12] Zu den aufschlußreichsten Arbeiten gehören nach wie vor die von Pantaleone, Hess und die meines Erachtens völlig zu Unrecht kaum zitierte Untersuchung Nando Dalla Chiesas (des Sohnes des ermordeten Generals). Von den neuesten Veröffentlichungen sind vor allem zu nennen: Arlacchi, der sich mit der calabresischen Mafia auseinandersetzt, allerdings auch die neueste Entwicklung nicht mehr einbeziehen konnte und sein Interesse vor allem auf die »traditionelle« Mafia konzentriert. Martelli widmet sich demselben Thema, ist aber wesentlich vordergründiger. Sehr informativ für die

aktuelle Lage, aber ohne ausreichende historische Fundierung Arcàs umfangreiche Arbeit, die bis in den November 1982 reicht, allerdings ihre Stärken bei der Behandlung der Camorra, nicht der Mafia, hat. Der von der Magistratura democratica herausgegebene Band ist vor allem hinsichtlich der
konstitutionellen und juristisch-administrativen Seite her interessant. Ein
typischer Schnellschuß ist »Morte di un generale«, kaum fünf Wochen nach
Dalla Chiesas Tod auf dem Markt, mit qualitativ sehr unterschiedlichen Beiträgen, unter denen die von Arlacchi, Bocca, Dall'Ora hervorstechen. Hinsichtlich auch der literarischen Bewältigung des Problems sind die Werke
Sciascias immer noch sehr lesenswert, wenn sie auch der neuesten Entwicklung nicht mehr gerecht werden. Eine speziell historische Darstellung ohne
allen Bezug zur aktuellen Lage selbst der Abfassungszeit ist das Buch Falzo-
nes, das aber viele Materialien liefert. Manche Werke sind völlig unbrauch-
bar, etwa die höchst belanglose Artikelsammlung des »Il giorno«-Redak-
teurs Madeo. Im deutschen Sprachraum ist die Arbeit von Hess auch durch
die Übersetzung von Bloks Erfahrungsbericht nicht ersetzt. Mehr erzäh-
lende Darstellungen und daher recht gut lesbar, wenn auch ohne Nachweise,
sind Lewis und Chotjewitz (bei letzterem vor allem wichtig das - auch be-
legte - Nachwort von Kammerer).

Karrieren

[1] Gerichtsprotokoll vom 9./10. 11. 1982; Einzelheiten bestätigt durch Liggios
Rechtsanwalt Orazio Campo im persönlichen Gespräch. »Il Manifesto« be-
zeichnete Liggio »nur noch als Karikatur seiner selbst« in der Art seines
Auftretens.

[2] Häufig zitiertes Protokoll eines abgehörten Telefongesprächs: »Die Pferde
waren diesmal nicht gut, ich habe sie nicht übernommen« - »Die neuen sind
morgen bereit. Ich komme hinunter und übernehme das Geld« - »Diesmal
sind unsere Pferde wirklich gut; sie kosten 170 Millionen, verstanden?« -
»Verstanden. Sind es Vollblüter?« - »Alles Vollblüter, Araber, Du weißt ja,
woher.« - »Verstanden.« Zitiert u. a. bei Padolino, La guerra delle cosche,
in: Morte di un generale.

[3] Hess, Mafia, S. 37

[4] ebd., S. 58

[5] Interview mit mir am 20. 12. 1982. Die Ansicht scheint sich inzwischen
durchgesetzt zu haben - in einem weiteren Gespräch benutzte auch der In-
nenausschuß-Vorsitzende Oscar Mammí dieselbe Formulierung.

[6] Die Geschichte Genco Russos bei den Berichten der Anti-Mafia-Kommission. Auch Pantaleone, Mafia e droga.

[7] Über Ciancimino: Rel. fin. der Anti-Mafia-Kommission, v. a. der Minderheitenbericht. Beigelegt ein umfangreiches Dossier des damaligen Obersten
Alberto Dalla Chiesa. Auch Arcà; Cimino, L'antimafia, in: Morte di un generale.

[8] Die Angaben zu Cutolo stützen sich auf Polizeicommuniqués, die Einlas-
sungen des damaligen Ministerpräsidenten G. Spadolini vor dem Parlament
am 2. 4. 1982 sowie die umfassende Darstellung bei Arcà; zusätzlich einige
Interviews mit camorristischen Randfiguren.

[9] Danach wird im Entführungsfall das gesamte Vermögen der Familie beschlagnahmt. Zur Umgehung dieser Maßnahme zahlen dann eben

»Freunde«. Hier ging es darum, daß diese »Freunde« Mitglieder der DC waren, die dieses Gesetz durchgepaukt hatten, und darum, daß die Geheimdienste dabei behilflich waren. Die Sache war ins Rollen gekommen, als »L'Unità« am 18. 3. 1982 zwei DC-Minister des Deals verdächtigte, was sich als unzutreffend herausstellte (die Redakteurin und der Direktor der Zeitung wurden daraufhin gekündigt). Bald zeigte sich aber, daß lediglich die falschen Namen im Spiel waren, die Sache jedoch stimmte. Vgl. v. a. Arcà, sowie »L'Espresso« vom 11. 4. 1982 und »Panorama« vom 21. 6. 1982.

10 Polizeicommuniqués zur Verhaftung Pupetta Marescas. Dazu ein ausgezeichnet recherierter Artikel in »Paese sera« vom 25. 10. 1982, der jeder Gegenrecherche standhielt. Auch Arcà.

11 Angaben über die »Handschrift« und Gefährlichkeit Sassos nicht nur aus Polizei-Berichten und Tageszeitungen (»L'Unità«, »La Stampa«, »La Repubblica« vom 11.-14. 9. 1982), sondern auch aus medizinischen Gutachten der Gerichte und aus Gesprächen mit Interviewpartnern der Camorra-Szene, wo »Giovanni 'O Pazzo« seit 1982 als Synonym für unfehlbare Treffsicherheit und unvorstellbare Grausamkeit galt.

12 Die mir zuerst unwahrscheinlich klingenden Zahlen wurden mir von Redakteuren der »L'Ora« in Palermo und von »La Repubblica« in Rom bestätigt; letztere brachte am 26. 8. 1982 einen Bericht, wonach neapolitanische Killer bereits »für ein paar hunderttausend Lire zu haben« seien.

13 Über ihn einen ausgezeichneten dokumentarischen Bericht von Franco Recanatesi in »La Repubblica« vom 20. 8. 1982, dazu »L'Espresso« vom 3. Oktober.

14 Interviews mit Roberto S. am 22. und 27. 9. 1982, auszugsweise ausgestrahlt im Sender Freies Berlin und im Westdeutschen Rundfunk. Das Gespräch eröffnete mir einer der Polizisten aus dem Revier in Neapel, wo Roberto derzeit wohnt, was wohl auch zu der relativ offenen Redeweise führte - der Polizist ist sein (angeheirateter) Vetter und mit mir seit mehreren Jahren bekannt. Nach dem Interview wurde das Band abgehört, mehrere - hier nicht abgedruckte - Stellen als nichtverwendbar vereinbart.

15 Interviews mit Carlo A. am 2. 9. 1980, 14. 9. 1981, 6. 1. 1983.

16 Interview mit Giancarlo G. am 16. 9. 1982. Ich kenne ihn, seit ich alljährlich zwei- oder dreimal nach Sizilien komme, seit 1979.

16 Interview am 16. 9. 1982.

Die notwendige Differenzierung

1 Hobsbawm, Sozialrebellen, gehört bis heute zu den meistzitierten Arbeiten auch über Mafia und Camorra.

2 ebd., S. 57

3 ebd., S. 54

4 ebd., S. 58

5 ebd., S. 78

6 ebd., S. 59

7 ebd., S. 63

8 Ebd., S. 64

9 ebd.

10 ebd., S. 18

[11] Hess, Mafia, v. a. S. 49 ff., widerlegt Hobsbawm aufgrund empirischer Materialien eingehend.

[12] Deutschsprachig über Navarra: Chotjewitz; Lewis.

[13] Besonders Ed. Reid übernimmt (in seinem während der cosa-nostra-Prozesse schnell zusammengeschriebenen Buch) auch gerne ungeprüft Legenden, so die noch zu zitierende Ableitung von »Mafia« aus Wortanfängen.

[14] »La Repubblica« z. B. druckte am 19. 10. 1982 fett die Überschrift »Arrestati tre agenti. Hanno favoriti mafiosi?« Im Text geht es jedoch ausschließlich um Camorra-Begünstigungen.

[15] Appian, Bella civilia. Vgl. auch Raith, Spartacus.

[16] Cassius Dio, Römische Geschichte 76, 10.

[17] Pantaleone, Mafia e politica. Deutsch: Chotjewitz; Lewis.

[18] Vgl. Amante.

[19] Vgl. De Jaco/Chotjewitz.

[20] Hess geht, zur Abgrenzung seines Mafia-Begriffes, auch kurz (es ist ja nicht sein Thema) auf andere Kriminalitätsformen ein.

[21] Über Ethymologie, Ursprünge, Geschichte von »Mafia«; Candida; Capuana; Ciasca; Lestingi; Novacco; Pitré; Sciascia; Hess.

[22] Interview mit mir am 20. 1. 1983.

[23] N. Dalla Chiesas Arbeit ist hier unentbehrlich, auch wenn sie in der gängigen Literatur faktisch totgeschwiegen wird. Vgl. v. a. S. 21-58.

[24] Rekonstruktion und Darstellung der verschiedenen Gruppen- und Sozialbeziehungen bei Hess, S. 82; vgl. auch Ciasca.

[25] Lewis unterstellt ein »General Council«, Candida eine Art »pontefice massimo«. Hess weist nach, daß es so etwas gar nicht geben kann, Blok zeigt die engen Grenzen lokaler Mafia-Macht auf. Vgl. auch Cutrera, La mafia; Mosca; Ciasca.

[26] Alongi, La camorra; Ciasca, Camorra; Guarinio, Dai mafiosi ai camorristi. Umfassende Untersuchungen über Camorra gibt es nicht. Arcà berichtet im größeren Malavita-Zusammenhang von den neuesten Vorfällen.

[27] Die Ableitung von »mmórra« etc. in der »Stampa sera« am 25. 10. 1982.

[28] Über die »'ndrangheta« gibt es noch weniger Literatur als über die Camorra. Longnone, L., hat am 8. 9. 1955 darüber in »L'Unità« berichtet; ein kurzer Artikel von Fiumano/Villari sowie von Guarini liegt vor. Arlacchi, Mafia . . . ist ganz der »mafia calabrese« gewidmet - aber, wie schon der Titel verheißt, eben nur der traditionellen. Die neueste Entwicklung ist noch nicht einbezogen.

[29] Longnone in »L'Unità«, ebd.

[30] Lennhoff, S. 62. Über Napoleon III. S. 106 ff.

[31] Longnone, a.a.O.

[32] ebd.; auch Fiumano/Villari; Hobsbawm.

[33] Storia d'Italia II, S. 151 ff.; Amante.

[34] Amante, S. 48

[35] ebd., S. 48/49

[36] ebd., S. 87 ff.

[37] ebd., S. 211 ff.

[38] Zur Geschichte Siziliens und Unteritaliens neben der »Storia d'Italia« auch Finley; Mack Smith.

[39] De Jaco/Chotjewitz.

[40] ebd.

[41] In diesem Zusammenhang kommt die Hess'sche Interpretation des »mafiosen Charakters« besonders zum Tragen.

[42] Kammerer im Nachwort zu Chotjewitz.

[43] Hierin stimmen - außer den spintisierenden M.a.f.i.a.-Herleitern - nahezu alle anderen Arbeiten überein.

[44] Wahlbetrug zeigt Vaina auf, ebenso Salvemini. Dolci, Umfrage . . ., erweist, daß die meisten Sizilianer auch nach dem Krieg Wahlbetrug noch als gegeben ansehen.

[45] Vgl. dazu Ciasca; Alongi.

[46] Lewis, S. 250

[47] Hess hat die Drohsprach-Symbole, S. 110, zusammengefaßt.

[48] Giorgio Bocca, in seinem Dalla-Chiesa-Nachruf in »La Repubblica« am 5. 9. 1982, zitiert diesen Interview-Ausschnitt.

[49] Vgl. Pantaleone, Mafia e politica; sowie Chotjewitz; Lewis.

[50] Quelle: ISTAT, Annuario di statistiche demografiche, Voll. XVI-XVIII und Popolazione e movimento dei comuni, Vol. XVI.

[51] Dolci, Banditen . . ., S- 23

[52] Arcà, S. 32 ff.

[53] ebd., S. 50-53

[54] Hobsbawm, S. 77. Kammerer, im Nachwort zu Chotjewitz, bezieht »Parallelsystem« nur auf politische (nicht soziale) Bereiche und meint konsequent, daß es solches faktisch nicht mehr gibt (S. 273).

[55] Pantaleone, Mafia e droga, S. VI.

[56] N. Dalla Chiesa, S. 59

[57] Blok, S. 22

[58] Kammerer, im Nachwort zu Chotjewitz, S. 273.

Neue Qualitäten

[1] Storia d'Italia; vgl. auch De Jaco/Chotjewitz.

[2] Vgl. Pantaleone, Mafia e droga; auch - mit den erwähnten Einschränkungen - Ed. Reid; außerdem Kennedy; Prall/Mackridge; Gentile.

[3] Zum Unterschied Mafioso-US-Gangster: Hess, S. 177.

[4] Pantaleone, Mafia e droga, zählt die einzelnen Schmuggelformen auf.

[5] Lewis, S. 60 ff. Danach wurde Mussolini 1924, kurz nach der Machtübernahme, von Don Ciccio Cuccia, Bürgermeister von Piana dei Greci, blamiert, weil dieser Mussolinis Leibgarde entließ und behauptete, daß sein Schutz ausreiche.

[6] Letzter spektakulärer Prozeß gegen den Clan im Oktober 1982.

[7] N. Dalla Chiesa, S. 21 ff.

[8] Die Zahlen nach Commissione antimafia: Relazione finale, Doc. XXIII/2, S. 200-300. - Über den Prozeß Dolci s. Dolci, Banditen; über Pio la Torre s. La Torre, Ragione . . .

[9] Comm. antimafia: Rel. fin. a. a. O., S. 603 ff. Auch Arlacchi, La mafia . . ., S. 72

[10] Vgl. Pantaleone, Mafia e politica; Sciascia, Tag der Eule; Candida.

[11] Pantaleone, Mafia e droga, S. 82.

[12] ebd.

[13] Er stammte aus Lercara Friddi zwischen Palermo und Agrigent.

[14] Pantaleone, Mafia e droga, bes. S. 83 ff.

[15] ebd.; vgl. auch Chotjewitz, S. 150 ff.

[16] Pantaleone, Mafia e droga, S. 141

[17] Was natürlich periphere Mafia-Mitarbeit nicht ausschloß. Dies war schon in den vierziger und fünfziger Jahren feststellbar.

[18] Im Zuge des Mammutprozesses gegen 121 sizilianische Rauschgifthändler wurde auch gegen die Calabreser Francesco Mazzaferro, Salvatore Novembre, Rocco Lombardo und Vincenzo Femia Anklage erhoben.

[19] Die Kalashnikov-Spur ist, nach der Entlastung Alvaros, bis heute die einzige »heiße« Spur im Mordfall Dalla Chiesa.

[20] Detaillierte Darstellung in »La Repubblica«, 9. 10. und 15. 12. 1982.

[21] Drug Enforcement Agency: Southwest Asian Heroin.

[22] Sciacchitano, S. 173 ff.

[23] Arlacchi, in: Morte di un generale, S. 82/83

[24] Padalino, La guerra delle cosche, in: ebd., S. 82 f.

[25] Arlacchi, ebd., und Radalino, ebd.

[26] Sorgi, Mafia e impreditori, in: Morte . . ., S. 107

[27] Einlassung des Stadtkämmerers von Palermo. - Der Deich sollte zuerst 20 Milliarden Lire kosten. Es gab nur eine einzige Firma, die ein solch gewaltiges Bauwerk ausführen kann, die Firma SAILEM der Familie D'Agostino, die eng mit Salvo Lima liiert ist. Das Vorhaben wurde gebilligt, der Auftrag erteilt. Seither kostet es 200 Milliarden Lire.

[28] Detaillierte Berichte über sein Imperium in »La Stampa«, »Corriere della sera«, »La Repubblica« v. 18.-22. 11. 1982.

[29] Bollettino della Banca d'Italia, 1971 und 1981.

[30] Interview mit mir, ausgestrahlt im SFB am 28. 3. 1983.

[31] Ein gut recherchierter Bericht in »La Repubblica« vom 9. 9. 1982. Die Direktoren-Namen aus den Handels- und Bankregistern.

[32] Verlautbarung der Staatsanwaltschaften Catania und Palermo.

[33] Der P 2-Skandal wurde im »Spiegel« vom 1. 6. 1982 sehr zutreffend berichtet. Vgl. auch Arcà sowie »Espresso« vom 26. 9. 1982.

[34] Auch hierüber »Der Spiegel« vom 11. 5. 1981 und 9. 8. 1982.

[35] Hierzu ein - trotz Verschleierungstaktik - sehr aufschlußreiches Interview Enzo Biagis mit dem Pleite-Bankier, in »La Repubblica« vom 8. 10. 1982. Auch Arcà, bes. S. 235 ff.

[36] Staatsanwaltschaft Palermo, Verlautbarung am 26. 8. 1982.

[37] Beziehungen zwischen Sindona und dem derzeit wieder in Mafia-Prozesse verwickelten Baulöwen Spatola wurden offenbar, als Vincenzo Spatola während der »Entführung« mit einem Brief Sindonas in der Tasche erwischt wurde.

[38] Von Sindona im zit. Interview mit Biagi bestätigt.

[39] Carboni entwickelt sich trotz seines Schweigens immer mehr zur Zentralfigur der Affäre. Ihn belasten vor allem die Aussagen der Familie Calvi. Vgl. »La Stampa«, »La Repubblica«, »Paese sera«, »L'Espresso« und »Panorama« vom 11.-27. 11 . 1982.

[40] »La Repubblica« war das eine Titel-Schlagzeile wert (30. 9. 1982).

[41] Angeblich haben ihm Vatikan-Leute diverse falsche Bilanzen geliefert. Vgl. Interview mit Biagi, a. a. O.

[42] ebd.

[43] Deutschsprachige Informationen: »Der Spiegel« vom 27. 6. 1981

[44] Kurioserweise wußte der Vorsitzende der parlamentarischen Kontrollkom-

mission für die Geheimdienste nichts von Gellis SISDE-Beziehungen. - Bei den laufenden Untersuchungen kommt nebenbei immer mehr die Verflechtung der P 2 mit den Neofaschisten an den Tag. Vgl. auch Arcà.

[45] Die folgenden Ausführungen unter dem Vorbehalt, daß sie vorwiegend aus Verlautbarungen der Ermittler entnommen sind. Unwahrscheinlich erscheinende Aspekte habe ich eliminiert. - Der trientiner Ermittlungsrichter Carlo Palermo zeichnet sich, im Gegensatz zu Kollegen, durch wohltuende Sachlichkeit aus.

[46] Die »Bulgarian Connection« wird derzeit allerdings, wegen des (noch keineswegs bewiesenen) Verdachts der Beteiligung bulgarischer Staatsbürger am Papst-Attentat von 1981, reichlich aufgebläht.

[47] Am 20. 11. 1982

[48] Interview in »Panorama« vom 22. 11. 1982, durch spätere Vernehmungsprotokolle ergänzt bzw. erhärtet.

[49] Ausführliches Interview von Sandra Bonsanti mit Joseph Coffey in »La Repubblica« am 21. 12. 1982. Dazu Hammer, R., Vatican Connection.

Die Krise

[1] Eine Meinung, der vor allem viele Presse-Leute anhängen, z. B. von »La Stampa«, und vom »Corriere della sera«. Im »Spiegel«-Heft »Mafia« (Titel vom 13. 9. 1982) wurde dies im Inhaltsverzeichnis ebenfalls suggeriert, der Bericht selbst war jedoch wesentlich vorsichtiger formuliert.

[2] Die Anti-Mafia-Kommission konstatierte 1972 noch »bedenkliche Einstellungen« bei Schülern und Lehrern gegenüber der Mafia. Heute werden in palermitanischen Schulen zu diesem Thema Aufsätze geschrieben.

[3] Dalla Chiesa forcierte vor allem das System der »Kronzeugen«, der »pentiti«; auch für die »supercarceri«, die Hochsicherheitstrakte, machte er sich stark.

[4] Die Notenbankgouverneure hatten Kreditvergabe-Unregelmäßigkeiten zu vertuschen gesucht; die Sparkassendirektoren hatten Kredite ohne Sicherheitsleistung vergeben. Deutschsprachige Informationen im »Spiegel« vom 10. 3. 1980.

[5] Piersanti war der Sohn des mafiosen DC-Mannes Bernardo Mattarella, bemühte sich jedoch korrekt um eine nichtkorrupte Verwaltung, war gegenüber den Kommunisten offen und ein Gefolgsmann Aldo Moros. Im Rahmen der P 2-Untersuchung kam mittlerweile der Verdacht auf, daß diese Loge seine Tötung angeordnet habe.

[6] Pantaleone, Mafia e droga, S. 25 ff.

[7] Vgl. hierzu Franchetti.

[8] Gespräch G. Boccas mit N. Dalla Chiesa, P. Arlacchi und Beria d'Argentine, »La Repubblica« vom 9. 10. 1982. Gismondi im Interview mit mir, a. a. O.

[9] Lundberg; Ianny; Arlacchi, La mafia . . ., S. 76 ff.

Der Kampf um Marktanteile und die Clan-Kriege als Konsequenz der Strukturkrise

[1] Pantaleone, Mafia e droga, S. 83 ff; Chotjewitz, S. 144 ff.; Comm. antimafia, rel. fin.

[2] Loschiavo, Terra amara, S. 306 ff., beschreibt die verschlüsselten verbalen Drohungen eingehend. Vgl. auch Hess, S. 116 ff.

[3] Nahezu identische Überschriften in vielen italienischen Zeitungen am 18. 11. 1982.

[4] Communiqué des DIGOS (Verfassungsschutz) vom 4. 10. 1982.

[5] Zitiert in »La Stampa« vom 16. 11. 1982.

[6] Tullio Grimaldi während einer Anti-Camorra-Manifestation am 6. 11. 1982. Grimaldi ist Verhandlungsführer der Richter gegenüber dem römischen Justizministerium.

[7] Interview mit Gerardo Vitiello, Vorsitzer der Anwaltsvereinigung der Campania, »La Repubblica« am 10. 11. 1982.

Die Kriegserklärung

[1] Mit diesem Mord begann die große Eskalation. Vereinzelt hatte es aber auch schon früher Morde an Amtsträgern gegeben; besonders bekannt: der amerikanische Polizist Petrosino, 1909, und der Generalstaatsanwalt Scaglione, 1971. Vgl. Pantaleone, Chotjewitz.

[2] Inhaftiert wurden nach dem Attentat v. a. diejenigen, hinter denen Gagliardi hergewesen war, u. a. die Bauunternehmer Sergio Marinelli, Ferdinando Iandolo, Mariano Porfito, Giulio Manzione, Gianfranco Spagnuolo, Claudio Ricciardelli.

[3] Der Präfekt Riccardo Bocca wurde am 20. 9. 1982 mit Sondervollmachten versehen. Die Bezeichnung »Hochkommissar« unterblieb.

[4] Statt wie bisher parlamentsinterne Papiere zu produzieren, wurden die Berichte jetzt auch der Öffentlichkeit zugänglich. Der Mehrheitsbericht wurde jedoch von allzu großen Peinlichkeiten hinsichtlich der DC gereinigt; der Minderheits-Rapport nimmt weniger Rücksicht. Die beiden sizilianischen Mitglieder der »Minderheit« wurden ermordet - Mattarella und La Torre.

[5] Nachruf vom 8. 1. 1980 in »L'Unità«.

[6] So beeilten sich Politiker aller Parteien, den nach der Befreiung des Generals Dozier durch die NOCS aufgekommenen (und mittlerweile erhärteten) Folter-Verdacht herabzuspielen.

[7] »La Repubblica« vom 4. 9. 1982.

[8] Enthüllungs-Journalisten der Zeitschrift ABC z. B. wurden zuerst durch Bestechung, dann durch Staatsanwälte zum Schweigen gebracht. Der L'Ora-Redakteur De Mauro verschwand spurlos.

[9] Verbannung und Polizeiaufsicht sind das Eingeständnis, keine Beweise gegen Mißliebige zu haben.

[10] Der »pentito« Fioroni hatte selbst seinen Freund umgebracht und war zu 25 Jahren verurteilt worden. Durch vorwiegend falsche Anschuldigungen erkaufte er sich »Nachlaß« und wurde nach sieben Jahren freigelassen, mit neuer Identität und neuem Gesicht.

[11] »La Repubblica« vom 4. 9. 1982.

[12] Zitat aus dem letzten Interview Dalla Chiesas, wiederabgedruckt in »Morte di un generale« im Artikel von Bocca.

[13] »La Repubblica« vom 5. 9. 1982.

[14] Nicht nur in der sowjetischen »Istwestja«, sondern auch in Italien kam daher der naheliegende Verdacht auf, die CIA könnte die Finger mit im Spiel gehabt, den Mord zumindest zugelassen haben.

[15] Pressekonferenz Michelangelo Russos am 12. 8. 1982 in Palermo.
[16] »La Repubblica« vom 14. 8. 1982.
[17] ebd., 13. 8. 1982.
[18] ebd., 5. 9. 1982, Bericht von Luigi Turani.
[19] ebd., 8. 9. 1982.
[20] ebd., 9. 9. 1982.
[21] Recht unkonkret erklärte Dalla Chiesas Amtsnachfolger in Palermo, De Francesco, am 29. 9. 1982, der General habe für die ersten Septembertage einen »blitz« vorgehabt. Auf nähere Fragen wurde aus dem »Blitz«-Vorhaben aber nur, daß »der General an einem Punkt angelangt sei, wo er einen Aktionsplan ausarbeiten konnte«.
[22] Zitiert in Boccas Nachruf vom 5. 9. 1982 in »La Repubblica«.

Konsequenzen und Aussichten

[1] »Il Giornale« vom 6. 9. 1982. Leitartikel von I. Montanelli.
[2] Presseerklärung D'Acquistos vom 7. 9. 1982.
[3] Presseerklärung nach einem Brief D'Acquistos an Pertini vom 9. 10. 1982.
[4] Für Kalabrien wurde Renato Nicastro als Superpräfekt ernannt.
[5] Interview Formicas in RAI am 12. 9. 1982.
[6] Guardia di finanza, Pressestelle Palermo, 1. 10. 1982.
[7] Die Guardia di finanza der Campania ermittelte bis nach Calabrien.
[8] Bericht der Gewerkschaftsleitung CGIL vom 1. 10. 1982.
[9] »La Repubblica« vom 7. 10. 1982.
[10] Bericht Luigi Turanis vom 5. 9. 1982, in »La Repubblica«.
[11] »La Repubblica« vom 11. 9. 1982.
[12] ebd.
[13] Zirkular (7000 Auflage) »Contro gli uomini di morte«, 17. 8. 1982.
[14] Rede Bürgermeister Martelluccis vom 7. 9. 1982 im Stadtrat.
[15] »La Repubblica« vom 9. 9. 1982
[16] »Nuova stagione« vom 10. 9. 1982, offizieller Sitzungsbericht.
[17] ebd.
[18] Die fraglichen Stellen lassen sich im »Osservatore Romano« nachlesen. Möglicherweise ist dies beabsichtigt - jeder kann sich dann heraussuchen, was er glauben will; bewährtes Rezept des Heiligen Stuhls.
[19] Interview mit mir am 20. 12. 1982.
[20] »La Repubblica« vom 18. 12. 1982.

Literaturverzeichnis

Um das Verzeichnis nicht durch Bücher zu belasten, die in deutschen Bibliotheken kaum vorhanden sind und deshalb dem deutschen Leser nicht zugänglich, wurden ältere Werke nur aufgenommen, wenn sie im Text zitiert wurden oder auch hierzulande gängig sind. Im übrigen verweise ich auf die Verzeichnisse vor allem bei Hess und bei Blok.

Agresti/Sellin, Mafia: in Encyclopaedia Britannica, 1960

Alessi, G., u. a., Memoria illustrativa per Galizia Luigi (Padre Carmelo) e. a., Corte Suprema di Cassazione 10. 2. 1965

Alongi, G., Mafia. in: Archivio di Psichiatria VI, 1885, u. VII, 1886

Alongi, G., La Maffia nei suoi fattori e nelle sue manifestazioni, Torino 1887

Alongi, G., La camorra, Torino 1890

Alongi, G., L'abigeato in Sicilia, Torino 1890

Alongi, G., Le condizioni economiche e sociali in Sicilia, in: Archivio di Psichiatria XV, 1894

Alongi, G., Polizia di sicurezza e polizia rurale, Palermo 1899

Amante, B., Fra Diavolo e il suo tempo, Firenze 1904

Anderson, R. T., From Mafia to Cosa Nostra, in: Journal of Sociology, Nov. 1965

Arcà, F., Mafia, camorra e 'ndrangheta, Roma 1982

Arlacchi, P., La mafia nel sistema mondiale della droga, in: Morte di un generale, Milano 1982

Arlacchi, P., Mafia, contadini e latifondo nella Calabria tradizionale, Bologna 1980

Banfield, E. C., The Moral Basis of a Backward Society, Glencoe 1958

Barzini, L., The Italians, New York 1965

Biden, J. R., The Sicilian Connection, Washington D. C. 1980

Blok, A., Mafia in einem sizilianischen Dorf, Frankfurt 1981

Blok, A., Mafia and Peasant Rebellion as Contrasting Factors in Sicilian Latifundism, in: Archives Europeénnes de Sociologie 10, 1969

Blok. A., The Peasant and the Brigand: Social Banditry Reconsidered, in: Comparative Studies in Society and History 14, 1972

Boussevain, J., Poverty and Politics in a Sicilian Agro-Town, in: International Archives of Ethnography 50, 1966

Boussevain, J., Patronage in Sicily, in: Man 1, 1966

Brancanto, F., Storia della Sicilia Post-Unificazione, Bologna 1956

Briatico, F., Il. problema storico della mafia, in: Terzo programma 1, 1963

Candida, L., Questa mafia, Caltanissetta-Roma 1960

Capuana, L., La Sicilia e il brigantaggio, Roma 1902

Chilanti/Farinella, Rapporto sulla mafia, Palermo 1964

Chotjewitz, P. O., Malavita. Nachwort Peter Kammerer, Reinbek 1976

Ciasca, R., Mafia; Camorra, in: Enciclopedia italiana, Roma 1934 ff.

Commissione antimafia, Relazione finale e relazioni di minoranza, Roma 1976

Commissione antimafia, div. Drucksachen, Archivio della Camera, Roma 1972 ff.

Corso, R., Omertà, in: Encyclopedia italiana, Roma 1934 ff.

Cutrera, A., La mafia ed i mafiosi, Palermo 1900

Cutrera, A., La mala vita di Palermo, Palermo 1900

Cutrera, A., Varsalona, il suo regno e le sue gesta delittuose, Roma 1904

D'Alessandro, E., Brigantaggio e mafia in Sicilia, Messina 1959

Dalla Chiesa, N., Il potere mafioso, Milano 1976

Dalla Chiesa, N., Der Palazzo und die Mafia, Köln 1985

De Jaco/Chotjewitz, Die Briganten, Berlin 1976

Denti di Piranjo, A., Mara Lumera. Roman der Mafia, München 1965

Dickinson, R. E., The Population Problem of Southern Italy, Syracuse 1955

Diem, A., Land Reform and Reclamation in Sicily, Ann Arbor 1961

Di Matteo, S., Anni Roventi, La Sicilia dal 1943 al 1947, Palermo 1967

Dolci, D., Vergeudung, Zürich 1965

Dolci, D., Umfrage in Palermo, Berlin 1961

Dolci, D., Conversazioni, Torino 1962

Dolci, D., Chi gioca solo, Torino 1966

Drug Enforcement Agency (DEA), Southwest Asian Heroin, Washington D. C., 1980 und 1981

Duyzings, M. F., Mafia. Macht und Geheimnis der »Schwarzen Hand«, Frankfurt/Berlin 1964

Falcone, G., Sentenza istruttoria del processo contro Spatola Rosario + 119, Atti di Tribunale di Palermo 1982

Falcone, G., Sentenza istruttoria del processo contro Mafara Francesco + 23, Atti di Tribunale di Palermo 1982

Falzone, G., Storia della mafia, Milano 1974

Finley, M. I., Das antike Sizilien, München 1982

Fiumanò/Villari, Politica e malavita, in: Cronache Meridionali 10, 1955

Franchetti, L., Condizioni politiche e amministrative della Sicilia, Firenze 1925

Gaja, F., L'esercito della lupara, Milano 1962

Galluzzo, L., La Licata, F., Lodato, S., Rapporto Sulla Mafia degli anni '80, Palermo 1986

Galluzzo, L., Der Tod des Banditen, Leben und Legende des Salvatore Giuliano, Köln 1986

Ganci, M., Il Movimento dei Fasci nella Provincia di Palermo, in: Movimento operaio 6, 1954

Gentile, N., Vita di un capomafia, Roma 1963

Guarinio, C., Antologia della mafia, in: Nord e Sud 12, 1955

Guarinio, C., Dai mafiosi ai camorristi, in: Nord e Sud 13, 1955

Gullo, S., La mafia - ieri - oggi, Palermo 1963

Hammer, M., Probleme der sizilianischen Agrarstruktur, Basel-Tübingen 1965

Hammer, R., The Vatican Connection, New York 1982

Hess, H., Mafia, Tübingen 1970 (Neuaufl. f. 1986 gepl.)

Hobsbawm, E. J., Sozialrebellen, Neuwied 1962

Kennedy, R. F., Gangster drängen zur Macht, Hamburg 1967

Lamour/Lamberti, Il sistema mondiale della droga, Torino 1973

di Lampedusa, T., Der Leopard, München 1959

La Torre, P., Ragione di una vita, 1982

Lennhoff, E., Politische Geheimbünde, München 1966[2]

Lestingi, G., L'associazione della fratellanza nella provincia di Girgenti, in: Archivio di psichiatria V, 1884

Lewis, N., Die ehrenwerte Gesellschaft, Darmstadt 1965

Lognone, R., Leggende e realtà della »'ndrangheta«, in: L'Unità v. 8. 9. 1955

Longo, G., La nostra cara mafia, in: L'osservatore politicoletterario III, 4 1957

Loschiavo, G. G., Nel regno della mafia, in: Processi 5, 1955

Loschiavo, G. G., Terra amara, Roma 1956

Loschiavo, G. G., Piccola Pretura, Roma 1962

Loschiavo, G. G., La mafia della lupara e quella dei colletti bianchi, in: Nuovi quaderni del meridione 4, 1963

Loschiavo, G. G., 100 anni di mafia, Roma 1964

Lundberg, N., The Rich and the Superrich, New York 1968

Madeo, A., La nuova mafia, Bologna 1976

Magistratura democratica, Mafia e istituzioni, o. O. 1982

Marino, G., L'opposizione mafiosa (1870-1882), Palermo 1964

Martelli, F., La guerra mafiosa, Torino 1981

Maxwell, G., Wer erschoß Salvatore Giuliano, Hamburg 1963

Montalbano, G., La mafia e il banditismo, in: Rinascita 10, 1953

Montalbano, G., La mafia a occhio nudo, in: Il Mondo, 9. 12. 1958

Mori, C., Con la mafia ai ferri corti, Verona 1932

Morte di un generale, mit Beiträgen von P. Arlacchi, G. Bocca, A. Dall'Ora, A. Padolino u. a., Milano 1982

Mosca, G., Mafia, in: Enciclopedia of the Social Sciences IX-XI

Murphy/Steele, The World Heroin Problem, Washington D. C. 1971

Novacco, D., La mafia nella struttura sociala siciliana, in: Terza sponda I, 1955

Novacco, D., Considerazioni sulla fortuna del termine »mafia«, in: Belfagor XIV, Messina/Firenze 1959

Novacco, D., Inchiesta sulla mafia, Milano, 1963

Orilia, S., Mafia tra documento e letteratura, Palermo 1965

Pantaleone, M., Mafia e politica, Torino 1962

Pantaleone, M., Mafia e droga, Torino 1966

Pantaleone, M., Anti-Mafia: occasione mancata, Torino 1969

Poma/Perrone, Quelli della lupara, Firenze 1964

Prall/Mackridge, Questo è Costello, Firenze 1957

Raffiotta, G., La Sicilia nel Primo Ventennio del Secolo XX, Palermo 1959

Raith, W., Spartacus, Berlin 1981

Raith, W., In höherem Auftrag. Der kalkulierte Mord an Aldo Moro, Berlin 1984

Raith, W., Von Intellektuellen, Mafiosi, Politikern und der ›gemeinen‹ Gewalt; in: Freibeuter 17/1983

Reid, Ed., Mafia, New York 1964

Renda, F., Funzione e basi sociale della mafia, Palermo 1956

Renda, F., L'emigrazione in Sicilia, Palermo 1963

Romano, S., Storia della mafia, Bari 1959

Romano, S., Sul brigantaggio e sulla mafia, Messina-Firenze 1952

Rossi, L., Camorra, Milano 1983

Russo, A., Antologia della mafia, Palermo 1964

Salvemini, G., Il ministro della mala vita e altri scritti sull 'Italia giolittina, Milano 1962

Sciacchitano, G., Inchiesta contro Spatola R. + 119, Procura Pal.

Sciascia, L., La mafia, in: ders. Pirandello e la Sicilia, Caltanissetta-Roma 1961

Sciascia, L., Appunti su mafia nella letteratura, Palermo 1964

Sciascia, L., Der Tag der Eule, Freiburg/Br. 1964

Sciascia, L., I mafiosi di Giuseppe Rizzotto, Milano o. J.

Sciascia. L., La Sicilia come metafora, Milano 1979

Smith, D. M., Storia d'Italia, Bari 1959

Sondern, Fr., Brotherhood of Evil: the Mafia, Montreal 1959

Stajano, C., Africo. Una eronaca italiana di governanti e governati, di mafia, di potere e di lotta, Torino 1979

Storia d'Italia, Torino 1980

Stajano, C., Mafia, l'alto d'accusa dei Giudici di Palermo, Roma 1986

Tambaro, I., I reati elettorali, in: Enciclopedia del diritto penale italiano II, Milano 1908

Taormina, F., Accuso la mafia, in: Eloquenza siciliana, Palermo 1962

Titone, F., Considerazioni sulla mafia, Palermo 1957

Titone, V., Storia mafia e costume in Sicilia, Milano 1964

Tocco, M. G., La mafia, in: Quaderni Sala d'Ercole 10, 1959

Uccello, A., Carcere e mafia nei canti popolari siciliani, Palermo 1965

United States Courthouse Brooklyn, Inquiry to Albert Gillet and Eric Charlier, New York 1981

United States Senate, Organized Crime and Illicit Traffic on Narcotics, Washington D. C. 1965

Vaccaro, A., La Mafia, in: Rivista d'Italia II, 2, 1899

Vöchting, F., Die italienische Südfrage, Berlin 1951

GESCHICHTE

WERNER RAITH   *Das verlassene Imperium*
Über das Aussteigen des römischen Volkes aus der Geschichte
Wagenbachs Taschenbücherei 92. 208 Seiten. DM 12.50

FRIEDRICH W. POHL/CHRISTOPH TÜRCKE
Heilige Hure Vernunft
Luthers nachhaltiger Zauber
Wagenbachs Taschenbücherei 102. 144 Seiten. DM 12.–

WERNER SOMBART
Liebe, Luxus und Kapitalismus
Über die Entstehung der modernen Welt aus dem Geist der
Verschwendung
Wagenbachs Taschenbücherei 103. 208 Seiten. DM 14.–

Vom Schaukeln der Dinge
Montaignes Versuche
Ein Lesebuch von Mathias Greffrath
Wagenbachs Taschenbücherei 110. 272 Seiten mit vielen Abb. DM 16.50

LOTHAR BAIER
Die große Ketzerei
Verfolgung und Ausrottung der Katherer durch Kirche und Wis-
senschaft
Wagenbachs Taschenbücherei 108. 208 Seiten mit zahlreichen Abb. DM 14.–

GEORGES UND ANDRÉE DUBY
Die Prozesse der Jeanne d'Arc
Zwei hervorragende Kenner des Mittelalters stellen die bedeu-
tendste nationale Legende Frankreichs in einem völlig neuen Licht
vor.
Wagenbachs Taschenbücherei 129. 192 Seiten mit zahlreichen Abb. DM 14.50

FRIEDERIKE HAUSMANN   *Garibaldi*
Die Geschichte eines Abenteurers, der Italien zur Einheit verhalf
Wagenbachs Taschenbücherei 122. 192 Seiten mit vielen Abb. DM 14.50

VERLAG KLAUS WAGENBACH   BERLIN